솔마루 詩人選 03

정태욱 시집

地上의 찬란함에 대하여

도서출판 **창세**

● 여는 시

시집을 위한 변명

시집을 내려 마지막 교정을 마쳤다.
내일이면 인쇄기가 내 말들을 찍어내기 시작할 거다.

갑자기 얼마나 거짓이고 위선인지 떨렸다.
이 일을 서슴없이 저지른 내가 두렵다.
허명을 지키려고
훈장을 찍어내려고
가진 것도 이룬 것도 없는 비천한 자가
그 비열했음을 위장하려고

뜨거운 눈물도 없이 살았던,
울부짖음도 없었던,
보통명사로만 존재한 나를 위해
제대 앞에 꿇어앉아
2025년의 나이테를 성호로 긋는다.
＊

차례

03 여는 시 : 시집을 위한 변명

▼ **[제1부] 지상의 찬란함에 대하여**

11 레퀴엠(Requiem)
12 캄파눌라
13 은행나무에게
14 낯선 남자
15 겨울 침목(枕木)
16 미리내에서
17 삼일홍(三日紅) 꽃밭
18 사라진 흔적의 사라짐
19 구절초 : 주왕산 1
20 계곡 : 주왕산 2
21 대전사(大典寺)에서 : 주왕산 3
22 행성에서의 엽서
23 나목의 그림자
24 사소한 안부
25 산책
26 말러(Mahler)에 기대어
27 우수(雨水), 트로이의 사과
28 일용할 양식
29 겨울 숲
30 대왕참나무에 기대어
31 동안거(冬安居)

32 배롱나무 아래서 1
33 배롱나무 아래서 2
34 신록을 보다
35 바랭이풀꽃 시인에게(한철수의 시집을 읽다)
36 한로(寒露)
38 노마드(nomad)
40 그해 폭염의 찬란함
42 그해 폭염의 거룩함
44 이심전심(以心傳心)의 찬란함에 대하여
46 성당 앞 편의점에서

▼ [제2부] 노 저어

49 작별
50 연탄불 주점
51 순간에 대하여
52 갯벌
53 전송(餞送)
54 연(鳶)
55 생떽쥐베리 연가(戀歌)
56 쇄빙선(碎氷船)을 기다리며
57 초승달 아래서 1
58 초승달 아래서 2
59 초승달 아래서 3
60 그 먼디를 워찌 갔다냐
61 노란 원뢰(遠雷)
62 먼 마을의 호수에서

63 바람의 흔적
64 느티나무 아래서 1
65 느티나무 아래서 2
66 느티나무 아래서 3
67 느티나무 아래서 4
68 장마를 바라보며
69 낯선 마을로
70 빈 숲에 서서
71 낮에 나온 반달
72 감잎차를 마시며
73 첫눈 예보
74 책갈피
76 자작나무 아래서

▼ **[제3부] 별과의 거리**

79 붉은 집어등(集魚燈)
80 어린 작별
81 햇 바가지
82 낮잠
83 부재(不在)
84 나무 걸상 : 지상의 이별 1
85 지팡이 : 지상의 이별 2
86 토끼풀꽃
87 뒷모습
88 그대의 강
89 어머니와 어머니

90 아내의 사표
91 게발선인장
92 그대를 바라보는 일
94 거미줄 위에서
96 자정 주막
98 위대한 세기

▼ [제4부] 세 개의 못

101 세 개의 못 아래
102 발레리에게
103 수소문
104 헐값
105 죄가 투명해지거든
106 겨울나무
107 앗숨(Ad Sum)
108 나는 왜 항상 왜소한가
109 한 번의 다짐
110 정류장에서
112 어떤 나이테

▼ [제5부] 봄날은 간다

117 삼월의 눈을 보며 : 봄날은 간다 15
118 산불 : 봄날은 간다 16
119 사무침에 대하여 : 봄날은 간다 17
120 아득한 저것은 말이다 : 봄날은 간다 18

121   엄마의 봄 : 봄날은 간다 19
122   이팝나무 아래서 : 봄날은 간다 20
123   3월의 눈 : 봄날은 간다 21
124   사월 : 봄날은 간다 22
125   사월도 바다 : 봄날은 간다 23
126   복사꽃 아래로 : 봄날은 간다 24
127   낙화(落花) : 봄날은 간다 25
128   화양계곡 : 봄날은 간다 26
129   절정 : 봄날은 간다 27
130   송화다식(松花茶食) : 봄날은 간다 28
131   까닭 없는 봄이 어디 있으랴 : 봄날은 간다 29
132   선사 전시관에서 : 봄날은 간다 30
134   정류장 나들이 : 봄날은 간다 31
136   그해도 봄날 : 봄날은 간다 32

※ **詩 펼친 느티나무로, 내 곁에 선 그는**

139   배인환
145   심원섭
152   정상순
154   한철수

제1부

地上의 찬란함에 대하여

레퀴엠_Requiem

마지막 전철 경로석에 고꾸라진
어느 청년의 고단한 하루.
폭염의 노동에 대한 잠시만의 위안일까
그 곁 출입문에 나란히 붙어서서
폰에 대고 까르르 허리 꺾어 젖히는 처녀의 재잘거림.

누군가가 버린 생수병 속엔
남긴 만큼의 기도가 가늘게 흔들리고
그렇게 혹은 비장, 혹은 유쾌한 사람들이
계절의 막차에 담겨 흐른다.
제각각의 이어폰으로
제각각의 바다에 빠져

'라흐마니노프' Adagio의 위로거나
'베를리오즈' Sanctus의 심벌즈 사이 숨죽인 절규에 출렁이며
혹은 맨 팔뚝의 문신들과
보일 듯 말 듯 탱크탑 요염함들이 두루 섞인
이 계절의 폭포도 곧 종점이리니.

붉은 사랑이 재로 남겨질 다음 계절이 오고
폭설에 가려지는 다음 계절도 담장 넘으면
나는 문지방 너머 멀리
아지랑이의 온기를 가물가물 바라보리.

그 거리를 가늠하며
아득한 잠에 들지도 모르리.

*

캄파눌라

신호등 건너려다
꽃가게 좌판 가운데서
'캄파눌라' 명찰을 달고 손짓하는 네게 이끌렸다

네 고향은 어디야?
성운의 저 건너편 어느 가장자리 우주야?
어디서 자주색을 얻은 거야?
흰색 술은 누가 달아준 거야?

한정 없이 바라보아도 물어보아도
백치처럼 웃기만 하는 널 뒤로하고
강처럼 흘러오는 운명들을 거슬러 건널목을 건넜다

나는 모르는 것투성이 세상에서
아무것도 모른 채
또한 아무도 나를 모른 채

어느 골목을 우연히 꺾으며
또한 우연히 너를 만난 것처럼, 우린
우연한 내일 아침을 맞겠지

알고 보면 기적인
*

은행나무에게

고갱의 검은 팔레트에 남은
노랑 물감들
어스름 숲속에 우뚝 서
어둠을 기다리는 성자여

영원하거나 애초에 없었을
소멸을 저장하는
점 점 점으로
수만 겹 노란 화인(火印)들 펄럭이며

낙엽쌓인 둔덕 어깨에 눈썹달 메고
앞장서 가는 뒷모습

오
홀로 빛나는 고독이여
*

낯선 남자

밤의 카페에서 문득 마주친
그 남루한 이를 오랫동안 응시해본다

대형 유리창 검은 저쪽에 비친
낯설게 나를 바라보는 한 남자
한때는 청춘의 화폭이었다지
한때는 어느 여인이 생을 걸게 했다지
한때는 거짓으로 세상을 유혹했다지

저 낯선 이도 그렇게 나를 바라본다
나로 인해 상처 난 영혼들이 아픔 잘 아문 채
어느 마을에 깃들었을 이 가을이라면
이 계절을 말없이 휘도는 강물이라면
어떤 사소한 잘못이든
나를 용서해주겠다는 낯선 남자

오 문득 생각커니 내 이름을 기억하는 이여
아니, 이 혹성에 존재하는 이여
그냥 온갖 생명을 빌어주고 싶은
착한 사내가 되는 이 가을이 되겠소

그리하여
이 겨울을 지나 저 봄 바다로
느린 전설처럼 그대를 저어가겠소
＊

겨울 침목_枕木

눈 덮인 침목더미
서로의 언 몸을 베고 누워서
무슨 사색으로 침묵의 혹한을 버텼는가
떠나거나 돌아오는 운명들을
온몸으로 버티던 시간들을 꿈꾸었는가

평행선의 어깨 위로 덜커덩 덜컹 – 덜커덩 덜컹 –
초침의 진동들이 강을 만들어 흘려보냈을
근육의 시간들을 벗어놓고
끝까지 서로 만날 수 없는 거리를 드디어 좁혀
겹겹이 껴안은 폭설의 밤

뜯겨진 폐목 더미로 눈이 쌓이는 줄도 모르고
그 곁의 주점에 마주 앉아
만두집 수증기의 뽀얀 안개가 허기를 유혹하던
가난한 겨울 눈물을 친구 이야기로 듣고 있을 때

미동도 없이 귀 기울이던 쪼개진 몸, 갈라진 옆구리,
손바닥의 못 자국에 찌든 폐유는 미사보에 덮여
순백의 꿈에 들고

우리들 뒤 그 검은 하늘
눈부신 철새 무리가 되어 팔 벌린 대형으로
날아가고 있었을지도 몰라
*

미리내에서

새해 첫날 미리내성지를 거닐었다
한 갈래 산길 오르니 봉쇄수녀원 가는 길.
들어서면 나올 수 없는 봉쇄(封鎖)라는데
무얼 가두고 어떤 해방을 얻는 서원(誓願)일까.

나는 골똘하고, 잔설 녹이는 햇살은
병아리 솜털 속도로 은하의 시간 긋는데
가늘게 스치던 바람 소리가 깨진다.

침묵 속에서 갓 외출한 듯 새내기 수녀 셋
성가 부르다 나비야 나비야 율동하다
서로의 옆구리 찌르며 까르르 웃다 멀리서 다가온다.
가까워지더니 다가와 깊이 허리 숙이고
새해 복 많이 받으시고, 행복하세요.
건강하시고, 조심히 다녀가셔요.

선한 눈길 거두고는 다시 유쾌를 뿌리며
봉쇄의 담장 쪽으로 난 나목(裸木) 터널 속으로
바람의 흔적처럼 멀어졌다.
봉쇄수녀원 산길에서 마주한
햇 천사의 햇 축복이 펼치는
느린 악장(樂章) 여기

참수의 고통이 행복했던 어느 사내가 잠들어 있는
별 무리의 강.
*

삼일홍_三日紅 꽃밭

장례식장 1호실부터 17호실까지
그리고 특실까지의 모든 고인들이
화사하게 웃고 있다

남은 한 조각이라도 여한이 있다면
한 다발 웃음으로 삭이련다고
그래서 사는 건 이렇게 화사한 것이라고
살아생전 가장 아름다운 웃음을 골라
마지막 인사를 보내는 꽃들

홀로 눈부시게 솟은 목련
푸른 하늘에 샛노란 파도 쏟아붓는 은행나무 기품
혹은 그 아래 낮은 곳으로 무릎 꿇어
고개 숙여서야 보이는 야생화 수줍음으로
여기저기서 저도 저도 저도요
일제히 손들고 피어서
순간이 꽃밭이었다고 낭랑하게 웃는다

그렇게 마지막 미소로 솟았다가
3일장 마치는 날 전자 사진의 불 내리면
꽃 한 송이 지고 또 다른 삼일홍이 다시 피는

이승에 펼친
저승의 꽃밭
마지막 남은 달력의 뿌려진 숫자들
*

사라진 흔적의 사라짐

쓸쓸해진 숲이 나무 아래 벤치에 앉았다
바람들도 첫눈 치마폭 펼치고 누워 선(禪)에 들고

한 시절, 주렴처럼 내려왔던 쪽동백들 머문 자리
향기는 또 얼마나 미치게 아름다운 원뢰(遠雷)였던가를,
봄날이 꾸던 적막이었나

앉았던 이들은 한나절이나 머물며
가슴에 묻어두던 사연을 내려놓고,
홑 울음 삼키던 이들도 일어나서 떠난 후에야
비로소 명료(明瞭)해진 천지간의 이야기여

햇살과 비눗방울 놀이에 열심인 잔설(殘雪) 아래로
그늘이 되었다가 낮은 곳으로 스며들어,
다음 생의 동안거(冬安居)에 들었는가

그리하여 부질없음을 생각하는 부질없음
흔적 없음은 생각하는 흔적 없음
가는 선(線)만이 묵상(默想)으로 남은 숲들이건만,

저 위 창공은 언제나 벅차고,
깊게 잠든 땅 아래는 아마도
대설주의보(大雪注意報)를 기다리는 거라.
*

구절초 : 주왕산 1

계곡 구르다 멈춘
거대한 바위 한 채
그 허리 실틈으로 구절초가 솟았다.

침묵의 무게를 비집고 빚어낸
한해살이의 흔적 몇 잎
마주친 순간
겁(劫)을 때리는 번개에 눈멀었다.

용암의 끓는 사랑 얼마나 뜨거웠기에
차게 굳어버린 지금도 솟구치는가.

전설 너머의 불길이 각인된 별이거나
기억 너머의 전설이 펼치는 바람으로
환생한 미소.

오
영원의 소멸을 노래하는 묵언(默言)이여.
*

계곡 : 주왕산 2

주왕산 계곡 깊은 가을
고사목 둥치에 앉아 멀리 시선을 던진다.

병풍바위 연화봉 시루봉 급수대 학소대
기립한 암벽들을 스치고 내려온
바람의 메아리도 나란히 앉아
열병하고 온 단풍 물결을 본다.

계곡물 올려 만든 연초록 새순은
꿈만 같이 솟아
봄 이슬 젖고 여름 햇살 받더니
불타기 위해 푸르렀나
이윽고 잉걸불 갈기로 명멸(明滅)하는가.

앞면 뒷면 바람개비로 뒤채며
가을바람 거품 겨울 햇살 거품들 빚어
무심한 듯 저승에까지 걸치누나.

이제는
이승에 소리마저 벗어놓고
천 리 밖으로 흘러가는 물결은
오
눈부셔라.
*

대전사_大典寺에서 : 주왕산 3

그대 울고 싶다면
새벽 예불 범종 소리에
별들 모두 쏟아져 잠들 때까지

그대 웃고 싶다면
저녁 예불 법고 두드려
대전사 미소 연꽃으로 필 때까지
*

[註]
대전사(大典寺) : 경북 청송군의 주왕산에 있는 사찰. 현재 건물은 임진왜란 때 불탄 것을 현종 13년(1672)에 중창(重創)한 것이다. 정면 세 칸, 측면 세 칸의 다포 양식의 맞배지붕 건물.

행성에서의 엽서

소피아 막달레나의 문자가 왔다.
도쿄로 향하는 신칸센 창밖에 스치는
고속영상을 본다고.

나는 법화산 중턱에 멈춰서
낙하하는 한 잎의 저속(低速)을 본다고
답장을 보냈다.

누구든 빠르거나 느리거나
속도에 머무르고 있구나하고 생각하니
이곳 행성은 가늠할 수 없는 광년의 점.

신의 폭죽이 정지된 은하수의 순간처럼
장미의 눈뜸도 찬란할지도 모를 우리들의 먼 거리를
영원으로 혹은 찰나 어디로 데려가는지.

하산하려 일어서는데
내 발 앞에서 잎새 하나 추락한다
빙하 속에 갇힌 불길의 혀로.
*

나목의 그림자

햇살의 경사(傾斜) 낮아진 계절이면
옷을 내던진 나목들은 붓이 된다.

산비탈 수북한 낙엽 겟소* 위에
헐벗은 자기 그림자를 길게 던져
펼치는 초상화.

잔 혹은 굵은 그림자의 획,
곧은 혹은 휘어진 선,
옅은 혹은 짙은 색을 베풀어
성좌(星座)를 바라보았을 눈을
폭풍우와 천둥들이 새겨졌다 지워졌을 귀를
헛된 약속을 닮은 입을 그린다.

까치발로 건너뛰는 나이테들을 담은 이마 주름을
'안드로메다'까지의 거리를?

그대에게 지었던 죄와
부끄러움들마저 드러나는 나의
자화상을.
*

[註]
겟소(gesso) : 물감이 잘 착색되고 건조되도록 캔버스 바탕에 미리 바르는 재료.

사소한 안부

얼음 커피 한 잔 놓고 편의점 파라솔 아래
더위 지친 걸음 잠시 쉰다
어스름 내리는 건널목 저편
얼핏 건너편 붕어빵 포장마차가 보인다
어느 날부터 부부가 퇴근한 이후 장사를 멈추었다

비닐 천막 몸통을 프로판 가스통과 같이
옭아 묶어둔 채 한 달도 넘었나 보다
긴 크루즈 여행은 언감생심이라고
빛바랜 가림막들이 알려줄 뿐
남편이 사고를 당했나
아내가 중병이 걸렸나
군대 간 아들 변고에 정신 줄 놓고 있나

붕어빵, 오뎅, 찰옥수수
페인트 글씨들만이 심난한 듯
바람에 가끔 몸을 떤다.
꺾어진 왼쪽 천막에는 앞 글자들이 흔들린다
황금, 부산, 강원도

자신에게조차도 아무런 안부 묻지 않음을 깨닫는
저 집 가난한 풍경 위로 초승달 뜨고
내게는 오히려 사소한 위안도 화려한가고
가로등들이 와르르 내려와 묻기 시작한다
*

산책

둥근달 깊게 빛나는 한밤 냇길
달보다 느리게 걸었어.

태초의 냇물은 생명의 비늘이었을까
회귀하는 연어군(群)처럼
달빛 가르며 튕기며 그곳으로 가고 있었어.

태초의 달빛은 노란 춤사위였을까
만월에 흠뻑 젖은 금계국
몸부림치는 노란 군무(群舞)로 둑을 넘고 있었어.

낮은 곳을 향하는 순명(順命)일 뿐
냇물은 자신을 잡지 못하네.
무념으로 바람에 몸을 맡기는 숙명일 뿐
금계국은 떠나지 못하네.
흘러감과 흔들림의 자기 몸짓이
온몸 찢겨 부서지는 달빛의
몸부림인 걸.

니 또한 그들에게 묻지 않았어.
그들이 보채는 속도를 따라
달빛 물빛과의 거리를 가늠하거나
나의 밤을 천천히
아프고도 아득한 속도로 재어보는
나그네거니.
*

말러_Mahler에 기대어

금관악기들이 끌어올린 팽팽한 점들
마지막 악장 마디마디에서 일어선다.
손끝에 이어진 심장으로 긋거나 튕기거나 누르면서
운명의 선들을 교직(交織)하는 5번.

죽음은 허무해서 장엄한 시간이라고
음표는 다시 살아 누군가를 불러내는 절규(絕叫).

서쪽 노을 속 초승달 현(絃)이 울리고
이어폰으로 소음이 가려진 철교 위 길게 건너는
아다지에또(Adagietto)의 검은 강
신화가 되기 위해 흘러가는 정렬된 불빛들의 신기루.

강에 잠긴 사금파리 조각에 스치는
옅은 빛의 꼬리로 심장을 베며
금관악기의 잔향들은
선(禪)에 들다.
*

[註]
말러(Mahler) : 말러(1860~1911)는 오스트리아 작곡가로 '교향곡 8번', '대지의 노래', '어린이의 신기한 뿔피리' 등 명곡을 남겼다.

아다지에또(Adagietto) : 속도를 나타내는 음악 용어. 악보에서 '아다지오(느리게)'보다 조금 빠르게 연주하라는 말.

우수_雨水, 트로이의 사과

우수가 지나더니, 겨울비인지 봄비인지
어제도 오늘도 언 땅을 놓고 서로 다툰다
지난 가을 정난채씨가 보내준 햇살도 떠올리다가
유리창에 흘러내리는 비를 망연히 바라본다

사과의 물기를 닦고
껍질에 적힌 트로이 유민들의 항적을 칼로 벗긴다
수의(壽衣) 속에 오히려 달콤한 헬레나의 육신

오늘 저 대지의 가슴 속을
파리스 왕자처럼 포크에 한 조각 찍는데
입은 달콤하고 귀엔 말러 2번 3악장
팀파니의 포효처럼 싸우던 헥토르도 죽고
아킬레스의 시체도 남긴 채 돌아가는 오딧세이

전쟁과 사랑이 대비되는
바순과 목관악기 음색일까
느림 속의 존재에 대한 깊은 사유처럼
지중해를 올라가던 유민선
마치 영화음악 같은 라르겟또

음악은 시(詩)보다 직설화법인가
돛폭 따라 흘러가는 바람의 무념
검정 씨앗 한 톨 연비(燃臂)처럼 박히다
*

일용할 양식

지팡이 짚고 헤진 모자를 쓴 채
초라한 노인이 걸어간다

한쪽 다리 절며
한쪽 손엔 막걸리 한 병 담긴
비닐 봉다리도 절뚝절뚝 주인 흉내 내며
흔들흔들 시계추

마지막 생애의 종점으로 가는 속도인가
너무 느려서 아련한가
일용할 양식은 한 병으로 행복한가

누가 감히 가늠할 수 있으랴
그가 걸어온 삶의 속도를
가솔을 부양해 온 일용할 양식의 무게를
*

겨울 숲

눈의 홑 춤들 소리 없었던 지난밤을
하얀 미사보로 올려 쓴 소나무 숲
어떤 간절함이기에
긴 어둠의 추위를 견디며
홀로 올린 미사였을까

아침 햇살의 아기 입김 간지럼에
미사보 아래 가지들 재채기로
움찔 놀라 분해되어 날리는 눈가루

숲속을 빗금으로 흐르는 물결들이여
풀씨보다 가벼운 숨
홀씨보다 작은 생명
순간 빛나고
순간 아스라이 사라지는 그대의 광채
투명한 기도처럼 눈부신 강이여

영원은 존재하지 않기에
찰나가 찬란함이라고
그리하여 그대의 순긴은
빛나는 그 점으로 영원하라고

그 기도였음을 새기려
이 행성에 잠시 "일단정지"한
나
*

대왕참나무에 기대어

아기들 놀이 소리 쟁쟁하던 한나절도
모두 잠든 마당 한 켠
아흐레 초승달 머리에 이고
대왕참나무 한 그루 사색처럼 서있다.

까마득히 먼 별 밭 끝에 손 담근
초록 잎들과 은하의 아득한 광속(光速)도
내 손끝으로 가늠하니 한 뼘에 담긴 거리.

따지고 보면 그 한 뼘 위 푸른 청춘이었다가
한 마디 아래로 낙하하는 낙엽이라고

빛과 어둠은 인간의 분별일 뿐
화려함은 종말을 위해 존재한다고
깜박이는 별과 잎들이
*

동안거 _冬安居

숲이 겨울에 들어서자
빈 가지들이 벗어던진 누드화들은
더욱 선명해진 추상화가 된다.

머무는 이 없어진 벤치에는
오그라진 단풍잎이며
전나무 노란 잎들이
바람의 물결을 그린 채
기울기 낮아진 햇살을 덮고 있다.

그대인 나여.
더불어 선(禪)에 들라고.
*

[註]
동안거(冬安居) : 겨울인 시월 보름날부터 이듬해 정월 보름날까지, 스님들이 일정한 곳에 모여 도를 닦으며 정진하는 일.

배롱나무 아래서 1

배롱나무 꽃 아래 아침 뜨락
붉은 낙화로 어지럽다.

초록 보자기 펼치고 붉은 자수정 뿌려
사랑의 별점 보더니
닿을 수 없다는 점괘(占卦)에
홀연 은장도 들어 허리 매듭 잘랐나.

여명(黎明)의 아픔 채 사그라지지 않아
선연하다 못해 처연한 그대 뺨엔
한 뜀 우주로 건너뛰는 추락이 각인된 노을인 듯
하늘 향한 그리움이 상기 남아
푸른 보조개 머금은 듯

아. 요란한 매미들의 레퀴엠들로
대낮은 점점 춥고
또 춥고.
*

배롱나무 아래서 2

배롱나무 꽃 진 자리 밟으며
애기똥풀 노란 키 이짝저짝 만한
두 아기 데리고 어린이집 가는 엄마.

"길 건널 땐 기다렸다가?"
'손 들고 가는 거야. 이렇게.'
"오. 먹을 땐 동생하고 사이좋게?"
'나눠 먹고 입에 묻으면 닦아주는 거야.'
"착해라. 어린이집 가거든?"
'배꼽인사 하는 거야. 이렇게.'

인사까지 주고받으며
톡~ 톡~ 터지는 맑은 웃음에
배롱나무 꽃도 이슬 턴다. 톡~ 톡~.

아이 키우는 저 아름다운 정경은
생각건대
할머니의 할머니의 할머니부터
손자의 손자의 손자까지
한정 없이 아름다운 반복이구니.
한정 없이 바라보는 찬란이구나.

이 경이로움이 이웃에게도
한정 없이 이어지기를 빌어주고 싶은
이 아침은 얼마나 신비한 일인가
*

신록을 보다

마주하고 있으니 궁금하다
저 숲을 열고 들어가면
다가오는 계절의 부푼 체취 다음
무엇이 있을까

말없이 걷는 이의 침묵
막다른 자의 기도
혹은 높은 가지 끝의 파도거나
파도 끝 잎 하나의 낙하거나

하강된 낙엽에 가려진 야생화의 미소가
몇 계절 지나 다시 솟는다면
거기 새겨진 지난 철의 헤어짐과 추억도
다시 볼 수 있을지
*

바랭이풀꽃 시인에게 _한철수의 시집을 읽다

미동도 없이 대지를 밀어 올린
초록 싹 첫울음은 나비도 몰랐었고
홀로 땡볕 헤쳐 무릎 크기 자라면
낫에 베었는지 소가 뜯었는지
아무도 모르는 일생을 홀로 다스렸지

솟아남 없으니 꺾임도 없으리
하지만 정신 한 올은 땅 깊게 뿌리박아
어김없이 땅에 박힌 결박은
다시 새순 내밀어 세상의 바람을 만나
바람을 껴안고 바람 앞에 쓰러졌으리

그래서 바랭이풀인가
번개에 순간 눈멀고 별 흩어져
빛나는 삶의 흔적 풀씨를 뿌렸으리

그 비틀거리는 발자국은
젖 냄새 아직 푸르른
어머니 땅을 밟고 있는가
낡은 일기장의 갈피에 남은
사랑의 이름을 부르는가

친구여 접은 옷깃 바로 세우고
찬란한 이마의 두레박을 던져
하늘을 쏘아보게나
*

한로 _寒露

오늘 아침 유난히 투명한 햇살
온갖 천지의 소리와 빛이 드디어
맑게 숙성됐다는 선포가 담겼다.

잠자리 날개 부비는 소리가 담겼다.
바스락바스락 들녘 곡식 냄새를 맡는다.

과자봉지 뜯는 손자의 손끝
셀로판지 구겨지는 소리를 듣는다.
혈육의 연약한 살냄새를 맡는다.

빨래 마르는 소리가 뽀송뽀송 담겼다.
풀 먹인 마른 광목 매만지고
고향 둔덕 넘어온 바람 냄새를 맡는다.

타닥 탁 보릿대 밀대 타는 소리가 담겼다.
가마솥 푸르르 뚜껑 떨며 솟는
햅쌀밥 뽀얀 김 속 엄마 냄새를 맡는다.

어느덧 나는 낙엽이 되어 흔들려 떨어지고 구르고
어느 양지에 걸려 파르르 숨 고르며
사각사각 적는 너의 시를 바라본다.

향나무 연필 같은 그대의 외로운 냄새를 맡는
한로 아침.
오늘 숲에 들면 나무 그림자들 사이로 햇살의 간격은

점점 넓어지겠구나.
그 빈 곳을 채우는 소리들은 더욱 선명하겠구나.

가을은 오래 잊었던 것들이 문득 떠오르는,
한곳을 오래 바라보는 철이라고.

*

[註]
한로(寒露) : 찰 '한(寒)', 이슬 '로(露)'로, 바람이 차츰 선선해지면서 찬 이슬이 맺히기 시작하는 때를 이르는 말이다. '추분'과 '상강' 사이에 있는 24절기의 하나. 양력 10월 8일 무렵이다. 추분 뒤 15일째 날로, 밤의 길이가 낮보다 점차 길어지는 절기다. 한로가 지나면 밤의 길이가 낮보다 점차 길어지며 가을이 깊어져 추수를 서둘러 마치는 시기다.

노마드_nomad

벌써 옛날 살던 동네가 되었다.
이리저리 연신내 골목을 둘러보고는
전철 타기 전 범서 좌판 시장에 앉았다.

빨간 뚜껑 소주에 가오리찜 한 접시.
사치 좀 베풀려고 맥주 한 병 더 시키고
폭탄주를 한 잔 크게 말아 마신다.

속이 싸해지는 잔 속으로
옛 초원의 유목지 구릉이 보이고
풀 맛을 기억하는 말이 병 속에서 나왔다

말이 되어 생각한다.
이 동네는 언제 왜 달려왔었지?
마른 풀뿌리 혹은 물 냄새 따라
변방의 유목지로 떠밀려 왔었던가?
얼마나 긴 시간을 머물렀지?

아니, 온 적은 있었고 떠난 적이 있었던가?
바람의 향기처럼 기억되는 이름들은 있었나?

어찌어찌 동서남북 돌아
살림살이 풀어놓고 한 철 지냈던 그 자리
또다시 다른 풀들이 숲으로 돋았는데
또 나이 든 발굽을 저 아래 용인까지 몰아
낯선 초원을 배회하는지도 모르겠다.

이상한 시간의 흐름이 잔 속에서 오간다.
한때는 분명 존재했었던 듯
적어둔 나이테는 읽혀지지 않고
시대에 걸었어야 할 증언은 흔적 없다.

넋 놓고 사라진 시간에 대해
술잔만큼 수없이 질문할 뿐이나
초원이 된 좌판 시장 사이사이로
힝힝대던 말갈기들이 빈 병들만 솟아있자
애초에 없었을 질문을 포기했다.

그리고 땅 밑을 달리는 전기 말을 타러
이끌리듯 내려간다.
*

그해 폭염의 찬란함

이글거리는 지구를 실감케 하는
땡
볕

종일 삶아진 마당의 알바 마치고
집 앞 마을버스 내리자마자 찾는
아이스크림 가게의 호두마루
한
개

느티나무 아래 벤치에서 largo로
한 입 한 입 먹으며 찾아내는
아이스크림 속에 흩어진 호두
조
각

느리게 느리게 음미할 때마다
300년 나이테가 넓게 펼친 녹음 위로 한껏 게으른 뭉게구름은
빙
하

달달해진 몸으로 집에 들어서
찬물 샤워하고는
반바지 차림으로 가는 곳은 도서관
이미 에어컨으로 차가워진
설
원

느티나무 보이는 창가 내 자리서
읽다만 책의 그 페이지를 열 때 솟는
기
품

아무도 모른다
내 삶이 얼마나 찬란한지를
＊

그해 폭염의 거룩함

그해 살인적인 폭염 몇 달간 청소원 알바했다.
반장은 아무렇지도 않게
먹물에 대한 비아냥 투로 툭툭 던진다.
수시로 느껴지는 모욕감은 처참하지만
인내심 단련한다는 각오로
생사를 겨루듯 울분도 꿋꿋하게 삭였다.

함부로 버려진 담배꽁초들,
더러운 음식과 벌레들이 담겨진 봉투들,
한없이 떨어지는 나뭇잎과의 전쟁이다.
한 시간 인내심에 1만 원,
종일 지구 한 점을 반들거리게 하면 7만 원,
이렇게 한 달 버티면 150만 원,
구경도 만져보지도 못한 채
가족이 날려버린 수억 원 대출이자로 다 들어간다.

40년간 '원리상환조건' 대출이니
복권이라면 몰라도,
이렇게 사십 년 살라는 수식이라면
노예보다도 못한 여생 같아 아찔하다.

나의 70대는 단풍처럼 찬란하거나
나의 80대는 저녁노을처럼 장엄하거나
시처럼 연소해야 하거늘 하며 혀를 차다가도
불쑥 떠오르는,
철부지 아이들 여섯씩이나 키우시며

평생 보여주신 아버지의 거룩한 뒷모습

무더위라느니 인내심이라느니
세상에 이런 사치스런 단어가 있는가.
아내와 자식들 앞의 장애물 치우고 길 내고 울타리가
되어 주는 것
이처럼 가장의 거룩한 일이 어딨는가고
*

이심전심_以心傳心의 찬란함에 대하여

갓 태어난 시집을 어루만지면,
'누구 누구'에게 보낼까 하고 '누구 누구'인 '그'를 떠올린다.

"아버지 시집 나왔어요. 어때요?
엄마 요것이 이번 내 거야. 멋지지?"
속삭이다가 대뜸 쓸쓸해진다.
드릴 수도 보낼 수도 없지만, 내 기쁨이며 슬픔 모두를
선명하게 꿰뚫고 계시리란 걸 알지만,
매운 눈 지그시 누를 뿐.

예의라는 거리만 두어온 것이 새삼 안타까워
마구 덤벼 껴안고 뒹굴고도 싶다.
내가 손자와 엉클어지는 요즘처럼.

교보 매장에 선보인 지 사나흘 지나니 인사문자를 보내온다.
"출고일 기다려 주문했던 시집이 지금 막 도착했다."
"머리말 읽으니 과연 너다."
소식 가물해진 어떤 친구는 무작정 10권씩 구입해
"이웃과 나누며 친구 자랑하고 있다."고.

어떤 형님은 아예 격려금이라고
수십만 원을 내 통장에 밀어 넣으시고는
"태욱아. 고맙다. 멋진 시집이구나.
아무데나 펴보니 '삼우제'라는 시구나.
읽어보니 찢어지는 마음이 너무나 생생해서 울컥했다.
아 詩가 이런 거구나. 고맙다. 고마워."

누군가는 간암 말기의 옛 선생님 문병 가서
이제는 더 이상 아무것도 드릴 것이 없음을 슬퍼했다가
갑자기 뺵에 있는 내가 증정한 시집이 생각나,
아름다운 시 구절들을 읽으시라고 거침없이 그걸 꺼내
드렸다고 한다.
"서명해서 증정해 주신 건데 너무 죄송해요."라고.

어쩌다는 증정본에 서명하고 있을 때
이미 사서 읽고 더 구입해 누군가에게 선물까지 했다는
'이심전심(以心傳心)'의 문자들.

'이심전심'이란 말은
우리가 찬란한 삶을 산다는 뜻이다.
우리가 찬란한 삶을 준다는 뜻이다.

시 읽은 아슴한 감동이며 은근한 기쁨을 생생하게 담아 보내
착해지는 내 마음을 달군다.
아 시보다도 더 시다운 마음들.
시집에 담겨진 글들이 갑자기 부끄러워졌다.

나는 뭐하며 살았나. 이 詩로 누구를 먹였나 살렸나.
괜한 짓 했다고 후회된다. 숨고 싶다.

잘 살아왔다.
잘 살아야겠다.
　*

성당 앞 편의점에서

성당 올라가는 길 삼거리 편의점
1,300원 카드 결제 뜨거운 커피 한 잔.
갈대밭 빈 몸 부딪는 소리처럼 부지런히 오가는
점원의 명찰엔 정유진.
천진한 미소 눈매도 곱다.

큰 유리창 건너
야산 등성으로 키 다투는 은행나무들이 보이고,
잎새들 군무가 만든 노란 거품들은
오블리가토*의 판토마임.

기류를 타고 창공을 솟던 새가 사라지자
테이블 위 작은 화분 꽃
햇살의 애무로 톡 터졌다.
순간 놀란 커피향은 스미듯 흔적 없고
넘치거나 모자람 없는 고요

비밀스레 홀로 느끼는
시작도 끝남도 없는 찰나.
눈은 내렸다가 안부도 없이 사라졌을
먼 곳의 새벽으로 달려가
얼음 속에서 별처럼 솟는
불티를 보았네.
*

[註]
오블리가토(obbligato) : 피아노나 관현악 등의 반주가 있는 독창곡에 독주를 할 수 있는 다른 악기를 곁들이는 일. 독창으로도 부름.

제2부
노 저어

작별

화염 식은 후
작은 항아리에 담겨 나온 그대
칠판에 적었던 평생을 지운
백묵가루일까
곱고 눈부시게 변신했구나

왜 타고 남았냐고
왜 타지 못한 그리움이냐고
혹은 미처 사랑하지 못한 흔적이냐고
아무리 물어도 대답 없는데

한 번만 더 뒤엉켜 발버둥 치고 싶은 청춘처럼
아득하게 닿을 수 없는 이 거리는
차마 눈부셔 바라볼 수 없는데

작은 단지는 상기도 열기가 남아
내 손끝으로 아련한 시간을 말해주는
그대여
내게 귓속말로 속삭이는가

어둠에 봉인되어서도
이글거리는 혼불 잠재우는
저 겨울의 침묵을 바라보노라고
(그의 유골함을 납골당에 안치하며)
*

연탄불 주점

집 앞에서 혼자만의 200그램
갈비살 시켜
한 병 마시고 있어

주점 이름이 봉급날이야
받아본 지 아득한 급여 아끼듯
한 잔 한 조각 음미하며 연탄불에게 물었어

여우불처럼 소리 없이 휩쓸며
사정없이 태우던
봄은 지금 어디 있는 거지?

유리창 밖 흔적 없이 사라지는
저 목련과 벚꽃들의 함몰을 생각하자면
술 한잔 가지고는 어림없지

그대를 찾아
그대와 함께
난 한평생 항해하고 있으니 말야
*

순간에 대하여

나 문득 생각했다네
지상에 태어나
아기 울음을 울어보았음을
어른 울음도 흐느껴보았음을
그 눈물을 알았다는 찬란함을

넋 놓고 홀려 그대 뒤 따라다니던
그 청춘의 눈물은 또 어떻고

그래
지상에 내려 쩔쩔매던 가난도
가슴 무너진다는 것이 무언지도 겪어보았고
바람 지나는 계절 곁에서
꽃이 피고 지는 까닭을 물으며 고른
시어들로 한 행을 완성할 때의
충만하던 기쁨 같은 것도 말이야

지상에 한 점으로 솟아
이처럼 찬란할 수 있다는 것 말이야
안 그래?
✱

갯벌

갯벌에 그은 뻘배 흔적들
어디서 씨앗으로 날아왔느냐
실뿌리 내려 들꽃으로 피어 살았느냐
질문처럼 석양에 지워지고

한 발로 밀며 삶을 지탱하던 널판지 뒤로
아낙의 발자욱 고된 웅덩이에
푹푹 눈쌓이기 전
어느 철새는 서둘러 떠나고
어느 철새는 돌아오는 것처럼
벽난로 불길 속에서 자기 가슴 태우는 노을이거니

오 겨울이여
동면에 들기 위해 크게 켜는 기지개처럼
잘 익은 갯벌로 짱뚱어 숨고
칠게 되새김으로 짠물은 살쪄
그 깊은 곳에서는 계절이 깊겠거니
*

전송_餞送

01. 몇 잎 남은 배롱나무꽃
    폭염에 덴 상처는 아프냐

    새끼 마디 남은 봉숭아 물
    손차양 위로 흘러가는데

    첫눈 내릴 때까지 그리움이여
    손톱 끝 반달로 남아있으리

02. 바람의 순백한 모서리 휘날리던 참회였었다
    한때는 눈부신 바다
    그 위에 네 이름을 썼었고

    하루 한 번은 불타는 가슴이 식어
    상처 아문 자리 싸락눈 엉글어 내리면
    그 위에 네 이름을 썼었고

    위스키 한 방울 떨어뜨린 홍차(紅茶) 향기 닮은
    따스한 노을을 찍어
    지나가는 계절의 이름을 썼었다

    어제 일은 어제의 꿈이라고
    한 철의 이름 곁에 우리는 오래 서있었고
    너는 오래 바라보고 있었고
    나는 스미듯 걸어갔었고
    *

연 _鳶

땅 밑의 촉수로 어둠을 모아
머나먼 가지 끝 투명한 속살로 솟았나.

천 리 산자락도 만 리 물길도
품겠다고 달려가겠다고
네 눈매 아득한 끝을 헤매는 인연인가

마음속 서성이던 그림자 지상에 두고
하늘로 오르려는 누군가의 영혼을
까마득하다는 그곳이 바로 여기라고
지상에 묶어두는 가는 실

다가갈 수 없는 포옹의 느린 색채여
쇼팽의 건반 담긴 초승달에
연 꼬리
아스라이 걸리다.
*

생떽쥐베리 연가_戀歌

강철에 박힌 별에게 사막을 묻고
바다로 펼쳐진 새벽 노을
금빛 광채 가르며 그대에게로 간다

시냇물에 빠진 맨발 말리던 강기슭 건너
옥수수밭 언덕을 넘던 안개가 입술로 내려
달밤이 익던 포도원을 헤쳐

용광로 시뻘건 혀로 불태운 단풍나무
심벌즈 하얗게 내려치던 낙엽 모서리
성애 서린 별을 다시 밟고 설 때

예언 같은 함박눈 위로
범선의 시간은 닻 내려
생떽쥐베리의 우편 비행기가 긋던
한 줄 영혼의 궤적은 선명하구나

글라주노프의 목가로
지상에 존재한다는 찬란함으로 떠오르는 너

*

[註]
생떽쥐베리 : 프랑스 작가(1900~1944), 1929 소설 "남방 우편기"로 문단에 나왔고, "인간의 대지"로 1939년 아카데미 프랑세즈의 소설 대상, "야간비행"으로 1931년 페미나 문학상을 수상했다. 항상 자유롭게 하늘을 날고 싶다던 그는, 1944년 7월 31일 지중해 상공에서 정찰비행 중 실종되었다.

글라주노프 : 알렉산드르 콘스탄티노비치 글라주노프(1865~1936)는 러시아 상트페테르부르크 태생 작곡가다. 아홉 곡의 교향곡(9번은 미완성)과 각종 협주곡, 소나타, 모음곡 등을 작곡했다.

쇄빙선_碎氷船을 기다리며

가장 뜨거운 낮술이었다 우리는 항상.
안톤 슈낙도 불러내 나를 위해 눈물도 지어주고는
집에 간다고 지하철 내려가는 뒷모습
비틀거리는 너보다 내가 더 조심스럽게 살펴본다.
얌마 잘 가 담에 또 보자고
호기롭게 큰소리 치려다가
목소리가 잠기는, 70대는 짠한 나이지.

이거 차비여
슬그머니 내 주머니에 찔러준 꼬깃꼬깃 접힌 3만 원
무궁화 승차권을 사려 주머니서 꺼냈다.
사각진 하얀 봉투에 반듯하게 담긴
위엄은 얼마나 허망한 표정이더냐.

보인다. 지폐의 고단한 주름에 갇힌 네 나이테.
보인다. 네 손등의 검버섯 같은 얼룩.
어쩌면 그렇게 닮았는가.

네 노동으로 1시간 20분의 거리를 사고
뜨거운 아메리카노도 한 잔 사고 플랫폼에 앉았다.
마시는 것도 잊은 채 미동도 없이.
뜨겁던 컵 아이스 아메리카노처럼 식어갈 때까지
먼 선로를 바라만 보고 있었다.

얼어붙은 내 뺨을 헤치는 쇄빙선처럼
1218호 열차 멀리서 들어선다.
*

초승달 아래서 1

그대 또다시 새순처럼 돋건만
수없이 지우고 지웠던 그리움이여
다가갈 수 없는 목마름의 잔
비우기 위해 채우는 숙명이라면

초승달 내려다보는 중세로 돌아가
수도원에 한 생애 던져버릴까나
발아래 검은 숲에 들어가
미쳐버릴까나

순화라던가 정화라던가
모든 정결의 단어들을 거르고 걸러
첨탑 위에 머무른
당신의 눈매
*

초승달 아래서 2

누구나 자기 그림자 속엔
묻어둔 아픔이 있다고,
화사한 봄철 툇마루에 앉아
공깃돌처럼 웃던
너를 향해

기도의 시간이 단풍으로 타던,
혹은
철새가 지나갔을지도 모르는,
달그림자 속으로

내가 걸어간다.
나무가 걸어간다.

그믐달부터
초승달 눈썹 거리까지
*

초승달 아래서 3

어둠의 나라로 들어가는
저녁나절 숲속에서 잠시 멈춘다
아득하게 올려보는 전나무

저
먼
끝
초사흘 눈썹달
등불 내건 마을

바람의 두레박으로
얇은 명주에 담긴 종소리 내려오면
문득 맡아진 그대의 향기

바래다주고 돌아서면 또 돌아보고
또 돌아보고 드디어는 성큼성큼 다시 돌아가
한 번 더 껴안아보고 돌아서던

그 집 앞 밤하늘
그렇게 수줍어 초승달 서쪽으로 숨고
마을은 별과 함께 새벽으로 가는데

어디로 가는가 서로 묻지 않았다
푸른 행성이 삶이란 걸 안다면
그것으로 우린 찬란한 거니까
*

그 먼 디를 워찌 갔다냐

그 시절,
"얼마나 더 가유?"라고 물으면 "쪼매만 더 가소"
10리 더 걸어 물어도 "쪼매만 더 가소"라던

그렇게 걸었던,
장승포까지 떠밀려 살던 고향 친구
찾아 찾아갔던 날

등잔불 켠 사랑방에서 부스스 나와
투박하게 꽉 쥐던 손
울컥한 목소리로 "이 먼 디를 워찌 왔다냐"던

그 친구 간 지도 몇십 년인가.
겨울 바닷바람에 무심히 서있는 장승포 이정표 보니
숨 막히게 떠오른다.

그 먼 디를 워찌 갔다냐.
쪼매만 더 있잖고
*

노란 원뢰_遠雷

등산로 입구에 은행잎이 수북하다.
지상을 향해 흔들던 푸른 손뼉들의 높던 기상이
한 계절과 함께 다시 사라지면서
젖무덤 선으로 남기 시작한다.
곧 나목의 현자(賢者)가 되겠지.

산에서 내려오자마자
곧 출판할 시집 교정 작업에 매달렸다가
문득 한 움큼 주머니에 담아온
은행잎을 꺼내 잘 펴놓았다.

책갈피에 넣어두면, 잊고 있다가
어느 날 펴볼 때
사르르~ 떨어진다면
쏜살같이 멀어져 박제된 그날들을 마주치며
아슴하게 놀라겠지.

원뢰처럼.
*

먼 마을 호수에서

물비늘이 찬란하다.
하늘 가득 날던 철새의 군무(群舞)들이
수면을 지나는 바람길 따라
윤슬로 내려앉은 듯

제우스의 침실 커튼이 천천히 내리자
붉은 노을 가르는 한줄기 비행운.
먼 마을에서 바라보며 짓는
네 웃음이었는지도 모르겠다.

지상의 풀벌레 소리들이 하늘에 닿아
초저녁 별로 서둘러 터지는 소리처럼
네 하얀 치열에 빛나던 반짝임인지.

사소한 일에도 폭죽 같던
네 어린 날 닮은 별똥별의 긴 꼬리가
검은 수면에 꽂힌 건지.

물 끝 갈대밭에 파문(波紋) 닿을 때마다
병아리 떼 낙엽 가로지르는 소리로
바스락바스락 솟아난 건지.
*

바람의 흔적

눈 감고 피부의 촉수끼리 마주하면
더더욱 제각각의 체취에 놀라는
너 바람은

별 모양으로 빛나며 흐르는 바람은
단풍나무 숲을 휘젓고 왔다
빗질 잘 된 바람은
소나무 숲을 지나왔음이 분명하다

금계국 물결 쓸고 온 바람은
인절미 고물처럼 노랗게 곱고
대나무 숲을 건너온 바람은
쉿 쉿 시원한 휘파람 소리를 담은 한나절

검은 속눈썹 스쳐온 바람에게 묻는다네
그대 지금 어디 병실 끝 복도에서
폭우를 바라보는지 혹은
목련이 지천이던 지난 계절을 떠올리는지

한없이 파도 끝자락 몽돌들 싸그락 씨그락
아프게 부딪는 소리처럼 아득하게 슬프고
속절없이 그리운 까닭을 묻는다네
몽돌해변의 돌 하나 던져
물수제비 뜨며 한도 끝도 없을 듯 깔깔대던
그대의 안부를

*

느티나무 아래서 1

가을비 맞고 섰는 마을 느티나무
300년쯤의 나이테 두른 몇 그루들
맑게 씻고 나니 더 선명해진 기품
그 아래 벤치에 앉아 9월을 보내며 올려보고 있어

연초록 설렘처럼 새순 돋던 그 가지들이
순하디순한 부드럽디부드러운
파도의 살결들이었다가
매미 폭포의 함성에 소스라치던
폭염이었던 철이 엊그제였어

무더위로 달구어진 벤치에서
달콤한 아이스크림을 핥으며
베토벤(Beethoven) 9번과 나란히 가지 끝에서 뒤채기도
말러(Mahler) 3번 피날레 팀파니 포효에 빠지기도 했었지

나무는 나무대로
태양으로부터 받은 밥값이 얼만데 다소라도 갚아야 한다며
한 땀 한 땀 수많은 잎새의 제 몸에
불 바늘 박으며 금관악기를 토해냈었지

나는 나대로
숨표 사이 언뜻 떠오르는 시 한 줄도
놓칠세라 급히 새긴 적도 많았던 날들을
그대라면 잊기야 하겠어
*

느티나무 아래서 2

오늘 아침에는 문득 아다지에토(Adagietto)야
내 귀에는 한 생애를 마친 자의
장엄한 회상으로 들리는 악장(樂章)이었지만
말러(Mahler)는 처절하게 느린 이 음표들을
사랑하는 이에게 청혼곡으로 보냈대

따지고 보면
하염없이 다가가고만 싶은 설렘일지라도
어쩌면 아무것도 없음의 종막(終幕)을 위한
서주(序奏)일지도 모르겠어

일어서서 느티나무 넓은 치마폭 저 끝
섬처럼 머물러 있는 우체국에 가야겠어
포개진 우리의 손 그다음의 손
포개진 우리의 입술 그다음의 입술
찰나의 인연도 영원한 운명이라고
남긴 그대 말을 적어 엽서를 보내야겠어

겨울 나목의 세한도(歲寒圖) 아래 오래도록
빈 가지 아래 눈 쌓인 벤치를 치워도

먼 해안 마을로 떠난 이후
그대는 돌아오지 않겠지만
*

느티나무 아래서 3

구성동 주민 센터 곁 마당에는
300살 이짝저짝의 느티나무들이
세월을 옹위하듯 늠름하다.

오랜 비바람 천둥 햇살이 만든 기품의
너른 품 아래 바람이 유난히 부드럽고
제법 속도도 있다.

그 아래서 눈을 감으면
잎새들의 초록 바다 물결 가르며
어김없이 어딘가로 항해가 시작된다.

어느 미지의 항구를 향할 듯도 한데
이상하게도 어린 시절의 팽나무 그늘 아래로 데려간다.

10살도 되기 전의
아직 덜 여문 살 흙냄새로 자라고
아직 덜 여문 뼈 바람 냄새로 굵어지던
그날로
어떤 바람이든 싱그럽지 않고
어떤 속도든 가르며 달리고 싶지 않을 수 없던
300년 전 할아버지의 어린
그날로
*

느티나무 아래서 4

달에서 할아버지 냄새가 맡아지던
그 밤이었다
고래의 시를 들은 것은

바다의 심연까지도 공명시키는
군더더기 없는 간결한 음정과 셈 여림
할아버지 시조였다

동구나무 아래 멍석 깔고
먼 들녘 넘실대는 당신의 노동과 일생
무릎에 앉힌 손자에게 들려준
고래의 황혼가 아니었을까

지금 그 나무 풍성한 육체 다 사라지고
허리와 갈비뼈에 드러난 구멍들
그 만월에 바람 지날 때마다
느티나무 헤치며 고래가 유영한다
할아버지 들녘에 시조가 넘실댄다

내 손자의 손자 또한
달그림자 낭랑한 밤 아래
느티나무에 바람 불면 만나리
할아버지와
고래를
*

장마를 바라보며

긴 장마지만 단풍나무는 더 신나서 짙푸르다
무더위도 멀었건만 어느 그루는 '뭔 일이래?'라며
벌써 가지 끝이 발그레하다.
여름이 지나기도 전 아니 오기도 전에 가을을 부르고 있다니

그러고 보면 봄 여름 가을 겨울이
따로가 아니라 서로 부둥켜 있나보다
장맛비를 망연히 응시하며 겨울도 보이는 걸 보면

꽁꽁 언 손을 내 주머니에 쏙 넣고는
함박눈 길 좋아라 종종 걸음하던
그대의 먼 안부를 떠올리는 걸 보면

잊으려 멀리 떠났다지만 그 거리는 오히려
어찌 그리 좁혀만 지느냐고
북구의 얼음성 배경의 엽서에 적어 왔던
추운 마지막 인사
그 단어들을 닮은
낙숫물 소리 아래 나란히 섰는 착각

코끝이 쨍한 겨울 냄새
이별의 체취를 닮았다면서
손 안의 작은 온기로 오는 그 겨울의 국경을 향해
한철 몸을 바꾸는
오늘은 장마
*

낯선 마을로

가슴 아픈 날도 있는 법이지
안개 낀 도시를 떠나기로 맘먹는

폭설이 예보된 낮은 하늘을 두고
눈 내리기 직전 출발하는 열차를 타보게.
나목의 빈 선들이 갈기가 된 능선들도 함께 떠나게 되지
멀리서 따라오는 산의 갈기들처럼

한때 연초록처럼 부풀었건만,
그 사랑이 잊혀지지 않는다면
그저 차창으로 오르락내리락, 혹은
멀다가 다가오곤 하는 전봇대와 전봇대 사이 오선지들을 보며
그가 불렀던 노래를 불러 봐도 좋아
오선지가 차창의 경계를 벗어나
야산으로 멀어지면 달세뇨(Dal Segno)
들녘으로 내려오면 코다(Coda).
네 아픔이 슬그머니 치유될지 몰라

어느새 낯선 역에 도착한다면
이미 안개는 사라지고 폭설이 멈춘 곳일 거야
미역 내음 짙게 머금은 색채들이
투명해서 황홀한 거기
마을로 들어서는 거야
느릿느릿이거나 성큼성큼이거나
*

빈 숲에 서서

숲의 푸르던 소리 디크레센도(decrescendo)로 사라졌습니다.

흔적처럼 놓인 벤치
계절도 대지도 존재하지 않는다는 듯
고요만이 앉았습니다

해 따라 짧아졌다 길어지는 원으로
그 의자 곁을 스쳤거나
혹은 앉았던 이들의 가지가지 사연들도
홑울음 삼키던 이 따라 떠났습니다

주렴처럼 내려왔던 쪽동백들 향기는
사라진 후에 명료(明瞭)한데
부질없음을 생각하는 부질없음
흔적 없음을 생각하는 흔적 없음만이
봄날 꿈꾸던 적막이었나봅니다

손차양 위 창공은 그리움처럼 늘 벅차기만 했던 숲속
이젠 발아래 꿈을 깊게 묻으며
기다릴 누군가를 생각합니다

아마도 나를 깊게 가두고야 말,
그리하여 심장은 더욱 사무칠
대설주의보(大雪注意報) 아니겠어요.
*

[註]
디크레센도(decrescendo) : 음악 용어로 점점 여리게(느리게) 연주하라는 의미.

낮에 나온 반달

숲에 들어
나무 밑동에 기대면
하늘 끝으로 까마득해지는 시선

대지에 뿌리박아 미동도 않는
단단한 어깨 위에서
하늘하늘 물결에 잠긴 반달아

막스 브르흐(Max Bruch) 베개 삼아 낮잠 드신 아버지
바이얼린의 초원에서
누구의 꿈속에 헤매셨을지 궁금하거니

그립다고 바지랑대 끝 하염없이 걸린
옥양목 구름 헤쳐
푸른 바다 어디로 노 저어 가는가
*

[註]
막스 브르흐(Max Bruch) : 1838~1920. 독일의 낭만주의 작곡자이자 지휘자.
콜 니드라이(신의 날), 바이얼린 협주곡, 스코틀랜드 환상곡 등 명곡들이 많다.

감잎차를 마시며

초엿새 초승달 잠긴
소반 위 감잎차 한 잔

감나무 잎에 빛나던 달빛 생각난다
새벽까지 그 밤 바라보던
눈빛도 떠오른다

내 생애가 건너온 강 건너
아직도 큰 키로 서 있을까

감꽃 지는 발자국 소리
발밑에 두르며
*

첫눈 예보

첫눈 온다는 일기예보.
내리는 시늉뿐일 것이라지만
습기 스민 공기 어둑한 날씨가 마치
설레는 무대조명 같아 그냥 마음 설레.

문득 눈 소식 알려드리고 싶은 이도 떠올라
그립다는 말보다는 그냥 속삭이고 싶어.
"첫눈이 온대."

아주 조금만 내려서
애타는 마음을 적시듯 말듯 하겠지만
첫눈이 더 날려
혹시라도 밤새 함박눈이라면
헤매다가 빈 공원 의자를 쓸고 앉아
멍하니 올려본 하늘로
만나던 날 기쁨 같은 눈송이 헤치고 떠오를지도.

그러나 지상임을 깨닫고 다시 내려서
눈 하얗게 미사보 쓴 채
어느 빈 성당에 들어설지도.
옛이야기가 전설처럼 매달린 저 오랜 침묵에게
잊혀지지 않는 까닭을 물을까
속울음 푸르게 울까.
*

책갈피

몇 년이나 잊었다 꺼내보는
책갈피 은행잎처럼
올해도 제 앞에 그대는 다가오셨군요.

별 무리의 전설을 담은 바람인 줄 알았어요.
먼지 낀 그리움까지도 닦아 빛내시더니
이제는 단풍이 빚은 가지 사이를
투명한 궤적(軌跡)으로 지나시며
그대가 흩뿌리는 저 잔물결들을 봅니다.

풀씨 같기도
나비 떼나 참새 떼 같기도
모닥불 타닥 튀며 솟는 불씨 떼 같기도
그래요. 그렇게 흩날려,
아무것도 아닌 체하며 잊었던 상처에
왜 또다시 아픔 솟게 하고
왜 홀로 견뎌온 어깨를 흔드시는지
저는 그걸 모르겠습니다.

고해성사(告解聖事)를 하기 위한 간절한 기도를 배우면 알까.
오직 그리움에 그냥 젖게 두어
다독다독 스스로를 쓸어내리면 알까.

이제 어느 성자의 빗질로 쓸려가는 저 낙엽들.
긴 꿈을 꾼 후 다시 봄의 사랑으로
당신을 향하기 위해
낮은 곳으로 스며 긴 꿈 꾸기 위함이니.

햇 바가지

엄마 검은 머리칼 사이로 돋기 시작한 새치
핀셋도 족집게도 없던 그 시절
고사리 손으로 겨우 감아 채어 뽑아드린
몇 올에 젊어지신 듯 웃으셨지

지금이라며 10개 100원이겠지만
밥 지으시던 가마솥에
검정콩 박힌 누룽지를 더 많이 나오게 하셨지

양식 귀한 줄 모른다고 시어머니 눈칫밥 드시면서도
학교 갈 때면 샛노란 햇 바가지 닮은
마알간 웃음과 함께 책보에 넣어주셨지

학교 마치고 십리 길 돌아오면
몰래 보리쌀 한 되로 바꾸신
노란 참외 한 개 살그머니 쥐어주시더니
그 찬란턴 미소 어디 갔는지

문득 아내 얼굴 속에 다시 살아서
손주 바라보는 눈매가
샛노란 햇 바가지
*

낮잠

설핏 든 낮잠 깨니
집안은 깊은 선방

희미한 빛의 체취
들이쉬고 내뱉는 내 숨소리는
존재하지 않았던 시간의 범선

무성 활동사진의 프레임을 노 젓듯

우표 부치던 우체국 창가
사철나무 아래 봄 햇살 어깨로 흘러
빛나던 첫사랑이 정지된 정물화
드디어 도착한 답장 봉투를 뜯을까 말까
망설이다 펼치면 정결한 단어들

또박또박 솟아나던 시의 시간들을 거슬러
고향집에 어린 나를 맡기러 오셨던
아버지의 시간이 깊어지면

곧 첫날이겠고
그 첫날이 바로 한 해 그믐날인 것처럼
집안은 깊은 선방
*

부재 _不在

허튼소리 할 때는
호탕한 웃음마저 나오는 나지만
깊은 호흡 다음, 힘들게 한 줄 적으려면
눈물 솟는 낱말이 있다.

겨울 강변처럼
느닷없이 울컥한 단어

따스한 겨울 아랫목에서도
문득 그리워 추운 단어

그래서, "아빠 엄마" 소리는 잘 안 써진다.
아니, 쓰기가 싫다.

그렇게 그리운데도 말이다.
＊

나무 걸상 : 지상의 이별 1

동구 늙은 느티나무 아래
무심한 낡은 나무 걸상
걸터앉으니 등받이가 없다.

기대고 싶은 아버지의 부재.
높으시던 기상도 그립다.

췌장암 말기의 극심한 고통에서도
온화함을 꼿꼿하게 지키셨는데,
이렇게 사는 게 뭐냐고
어머니 곁에서는 무너져 우셨다지.

어쩌다 집에 들렀어도
갈 길 멀다고 서둘기만 하는 나를
만져보고 싶으셨는지
힘없이 내미시던 마른 삭정이 손.

전달되던 이별 느낌이 너무 무서워 싫어서
살갑게 잡아드리지 않았던 그 손이
마지막 내미셨던 내 삶의 등받이였구나.

지상(地上)의 작별이란
내드릴 수도 없는 걸상.
등받이는커녕 다리도 삭아 삐걱 삐걱대는
흑백사진 위에 오래 앉아있었다.
*

지팡이 : 지상의 이별 2

애야
할머니 모시고 다니느라 고생했구나
더 좀 같이 모시고 다니지 그랬어

어머니 더 가실 수 없는 보호센터에서
짚고 다니시던 지팡이 찾아오던 차 안
연신 어루만지며 혼잣말하는 아내
눈물 그렁그렁 작은 어깨에 이는 물결

차 앞유리창에 연시 지던 붉은 잎새
블라인더로 지우며
내 시린 눈도 꿈벅꿈벅 지우던 어느날
가을 깊었었지.

*

토끼풀꽃

새벽 잠 깨어 감싸본 아내 가슴
탄력도 잃고 아기 손처럼 작아져
한 손 안에 너무나 작게 잡힌다
우리 새순 같던 시절의
푸른 흔적처럼
싸해지는 여명(黎明)

봄을 베지 않아도 목련(木蓮)은 지고
낙엽을 태우지 않아도 눈은 내리고
그리하여 폭설의 마을도 지났던
이정표(里程表)의 주름일지도 몰라

슬그머니 손 빼고 이불깃 올려주고
잠 달아난 아침 산책길
풀섶 헤집어 토끼풀꽃 두 송이
미안하다고 속삭이고 꺾어와
팔찌를 묶어 주는 것도 모른 채
한정 없던 그날들의 물 긷던 울음도 다 잊은 채

밖의 봄 햇살은
커튼을 밀치고 기어이 들어오려
눈부신 소리로 쟁쟁거리는 투정인데도
곤한 아침잠의 그대
숨소리

고요하구나
*

뒷모습

마주 선 아버지는 늘 높으셨다
권력을 비판하신 사설로 형무소 계셨을 때도
하얀 저고리 닮은 웃음
하얀 입김 닮은 기상을 보이셨지.?

구부정한 아버지 뒷모습은 몰랐었는데
나도 이제는 철들었는지 누군가의 뒷모습이 보인다.

어머니도 내가 자란 후에는 늘
내 뒤로 옮기셔 계시기만 하셨었지.
어느 날 지상의 중력을 그대로 받으시듯
땅에 가까워지는 엄마 뒷모습 보이면서
눈물 나왔지만
그마저도 더는 볼 시간 없이 이별이었지.

손자 녀석 뒷모습은 그래서 눈물겨운가
연초록 새순 같기도 하고
막 허리 펴는 고사리순 같기도 하고

언세나 눈부시거나
언제나 아름다운 뒷모습이여.

그 뒷모습을 볼 줄 안다면
그제서야 사랑하는 것이라네.
*

그대의 강

아지랑이 강이 보이던 산마루
철부지의 서툰 유혹에도
다소곳이 고개 기대오던 날이 있었다.

내 어깨에 자신의 운명을 걸던
그 순간이었음도 미처 모른 채.

내 허리에 새순 돋고
나이테 속으로 맹세들이 지는,
하찮은 유혹에 열리고 닫히는
안개와 노을 사이로 그 강은 휘돌아,

수없는 허튼 약속
바람 같은 다짐마저도 담으며 흘러

이젠 나도 어느덧 흙냄새를 좋아하고
마른 잎의 우수도 알게 될 때까지
내 곁에 기도로 있었구나.
안개처럼 바다로 가는 강물로 있었구나.

가슴을 베어낸 천사로 있었구나
돌아보니
너는
*

어머니와 어머니

히말라야에서
짐 지고 가는 노새를 보고
작가 박범신이 울었다고

평생 짐을 지고 고달프게 살았던
어머니 생각이 나서 울었다고

어머니를 불러보다
잠든 아내를 보고 나도
돌아누워 울었다

내 어머니 돌보던 내 고운 아내였는데
벌써 어머니고
어머니의 어머니다.
*

아내의 사표

아내가 늦은 나이에 병원 출근한다 해서
하얀 신발 사러 시장 다니던 날이 새롭다.

용인 이사 와서도 새벽잠 깨
분당수서고속도로, 내부순환로 거쳐, 구산역까지 50km.

차 안에서 화장도 하며
환자기록도 의학용어도 공부하던
도서관이기도 했었다.

귤 하나 까서 내 입에 넣어주며
손자 이야기만 나오면 해맑기만 하던
그녀의 거실이기도 했었다.

그 길 위에서 첫눈을 맞이하기도
새벽노을을 바라보기도 했던 여행길이기도 했는데
나이 든 아내가 사표를 냈다.

지금 숲속에 들면 아카시아가 만든
오월의 눈이 만든 오솔길처럼
사표에 담겼을 시간의 흔적들

처음 신던 하얀 신발로 종종 뛰던 날들
오가던 그 길에 쌓였으리
흩어지리
*

게발선인장

게발선인장이 꽃을 피웠다.
나와 함께 한 겨울이 찬란했었다고
저 홍등(紅燈) 아래 한 켜 한 켜 지나간
세상에 없는 자들이 그리던 그리움이라고

이승을 지나 저승의 막막한 은하(銀河)를 넘은
수 조(兆) 수 경(京) 광년으로도 따라잡을 수 없는
그곳을 가늠해보라고

할아버지의 낮잠 깨신 오후,
어디서 한가한 장닭 우는 낮에
문득 증조할아버지를 그리워하셨을
그 마음들 어디 있을까.
궁금한 시간들이 매달려 불탄다.

어둡고 추운 발코니 구석의 시간들을
게발선인장 붉은 입술이 말하는데도
나는 내가 꽃피우고 있다는 걸 몰랐다.
*

그대를 바라보는 일

때로는 손차양 올리고 볼 일.
투과된 빛을 역광으로 바라보는
그 화려함이라니
그늘에 몸 숨긴 쪽동백이거나 은방울꽃을 만나면
표현력이 부족한 이는 그저 숨이 탁 막힌다지.

때로는 사라지는 빛을 멀리서 볼 일.
해질녘 산등성 성당 위로
초엿새 달 뜨고
첨탑이 그린 검은 실루엣 좀 보아.
그대 삶의 궤적이 얼마나 선명한가를 깨닫지.

적당한 경사(傾斜)의 햇살로 어깨에 닿는 잎새마다
한마디씩 건네는 순간들이
우리 삶의 항적(航跡)이라면
희거나 짙게
넓거나 좁게
혹은 가늘거나 둥글게
초록 손바닥 뒤채며 만물에 순응한 바람 스칠 때마다
햇살과 별빛이 술래 잡듯 오가는 것으로
천지신명이 베푸는 거라면

무엇보다도 우리 지금껏 나란히 서서
역광으로나 실루엣으로나 주고받는 건,
한정없는 저 수신호들을 바라보는 건,
모두가 전생이란 걸 깨닫는다는 건,

얼마나 눈부시기에
그대 바라보는 일
이토록 쓸쓸하단 말인가
*

거미줄 위에서

태어나서 분가할 때까지 살던 곳
응아도 못한다고 엉덩이 씻기며
볼기 때리던 엄마 키 어느덧 넘어섰던 곳
동생들 숙제 가르치고 자전거 태워 돌봐주던 곳
백양나무 숲의 파도를 건너던
그녀를 만나 가슴의 돛폭 찢기는 청춘의 회항지였던 곳

대전시 삼성동 364번지 골목길을 찾아간다
아직 그대로인 태화장과 동인당의원 지나
없어진 보미당 아이스케키집과 중도극장 터 지나
우리집이었던 자리는 알 수도 없어진 골목은
희미한 흔적의 거미줄
바람결에 문득 드러나는 빛자국처럼

몇 번 꺾어진 거미줄 어느 매듭엔가
걸려있던 옛 바람 체취
냉기 담긴 바람이 어느 모퉁이 돌자 느닷없이 따스해졌다
아. 직감되는 부모님 아련한 온기다
시집온 아내가 날 기다리며 낳은 아기
새순 같은 혀끝서 연신 피던 하부지 하무니
세상없던 신비에 어쩔 줄 모르시더니

저 교차점에 대롱대롱 매달려
전설로 익어가는 과일을
먼 산등성에서 바라보듯
밤의 성운 새기듯

한나절 거미줄 위를 서성이는
설렘들에게 문득 물었다

옛 이야기들을 먹이처럼 돌돌 말아둔
거미줄 중심원을 아득히 바라보는
이 희미한 길의 찬란함은 무얼까

길은 떠나서야만 비로소 보인다는,
낡은 옷 훌훌 벗은 둥근 나이에서야
비로소 보인다는 걸 알겠다

아침에 떠난 이의 저녁 귀가를 기다리던 것은
따지고 보면 기다릴 수 있는 사람을 기다리는
일생을 걸어도 좋을 사람을 기다리는 거란 걸 알겠다

오래 서서 바라보던
그 골목의 빛나는 길에서
*

자정 주막

누군가에게 문자를 보낸다. "바랭이풀 시인"이었나, "나비"였나, "안젤라"였나, "체칠리아"였나, 통화 기록이 남지 않는, 어느 행성의 푸른 귀뚜라미와 교신했는가. 고향마을 입구 팽나무 아래 긴 그림자 같은 이름들을 떠올리게 하는 자정 주막.

이젠 삶의 70년이나 버린 자가, 혼자 독주를 마신 탓으로 오타(誤打)가 이어진다. 답문을 보내오는 이도 있다. 오타마저도 진심으로 오독해주는, 지금 이곳은 자정 주막.

벽에 걸린 커다란 모니터에서는 폭설 경보 함께, 언젠가 폭설로 갇혔던 마을풍경이 뉴스 화면으로 나온다. 괜히 연말에는 왜 추위를 타는지 모른다. 너를 잊겠다고 악물었지만 주저앉고 말았던 그날들도 바느질처럼 떠오르는 자정 주막.

왜 술을 마시면 괜스레 억울한 일들이 떠오를까. 신발 한 짝을 잃고 홀쩍이며 돌아오다가 엄마 보자마자 치마 감싸고 한없이 울었던, 그 어린 억울함 같은 걸 하소연 좀 해보려 엄마 번호를 검색한다. 미소 띤 사진이 보이기에 눌렀다. "없는 번호입니다" 문득 고아임을 깨닫는 자정 주막.

거리에는 추운 가로등 불이 오소소 흔들거리지만, 누구였든 함께 존재했기에, 참으로 따뜻했던 지구가, 붉게

노랗게 파랗게 하얗게, 주점의 플라스틱 크리스마스 트리 장식 전구들로 뜨고 지는, 성탄 자정 주막.

*

위대한 세기

손자가 유치원을 마쳤다고
졸업식 사진이며 동영상을
딸이 카톡으로 보내왔다.

수현이가 입은 졸업 망토
검정 비단 잠자리 우화(羽化)의 첫 날개
새침 바람결에도 금세 마른 투명함이지
젖 냄새 풍기며 옴지락 꼼지락하던
그날들도 엽맥(葉脈)처럼 담겼구나.

팔랑팔랑 날갯짓마냥 펼치는 졸업 노래에
할아버지는 왜 눈물 나는지는 모르겠다.
내 유치원 졸업식날 엄마 함박웃음
한두 해만 더 사셨으면, 저걸 보고 화사하고 곱게 보여 주셨으리

잊혀지는 그리움까지도 살려내고
즐거움과 행복이라는 그토록 소박한 단어를 내게 주는
이 찬란함이 얼마나 고마운 일이냐

그 신비를 지상에 내보내 키우는 딸 이슬아
정말 엄청난 생을 살고 있구나.
네 인생은 위대한 세기야.
   *

제4부

세 개의 못

세 개의 못 아래

아내의 가슴 베어지던 40년 전
십자가 아래 매장된 어둠에서 울었었다.

벤 가슴을 또 베어내는 오늘
그 죽음 아래서 다시 울었다.

베어내기만 하는 아들에게
이젠 너는 모르는 남남이라고 냉정하게 소리쳤으니,

오. 그 순간 천둥 울리며
사자 우리에 버려졌을 그 영혼 때문에
파랗게 울었다.

아내를 사랑으로 빈 가슴 채워주었듯
아들을 사지에서 꺼내오는 일이 오늘의 내 사명인 줄 알고는
어금니를 물고 울었던

오.
세 개의 못
그 아래였다
*

발레리에게

해변에 선다
시퍼렇게 날 선 저 수평선 딛고
광대하게 건너오는 바람의 갈기를 보라

네게 가지 못해
미치광이로 풀어헤쳤던 머리칼이냐
드디어는
강철에 새겨두었던 꿈인가
파도의 끝 펄럭이는 포말이여
깨우려는가

세찬 바람에 맞서
온몸이 받는 팽팽한 저항감이여
그 '중력'만큼 '의지'를
나 홀로 확인해보는
발레리의 해변
＊

수소문

한낮의 대로에서
갑자기 울부짖고 싶어지는

어머니 아버지가 계실 리도 없는
70 중반의 나이건만, 불러서
단 한번만이라도 통곡으로
하소연하고 싶은 시간

정오의 햇살을 직각으로 헤치고 갈 때
내게 수소문하는 나의 행방
문득 사무치는 외로움이 있었다
태양이 울부짖기도 한다는 걸
깨달은
*

헐값

오늘도 한 시간을 만 원씩에 종일 팔았다.
한 시간이면 책 한 권으로 지혜의 샘을
시 한 줄을 위한 명상에 들어
내 영혼을 투명케 할 수도 있건만

내 삶 한 조각을 시급 만 원씩에
수제비 뜨듯 아무렇지도 않게 뚝 떼어
너무 헐값에 버렸다.

도시 생활은 사는 것 자체가 돈이라지
이동이 돈이고
심지어는 숨 쉬는 데도 돈이 든다지

만 원어치 살기 위해
만 원어치 목숨을 버린다는
어쩌면 어이없는 아이러니여

흡사 거미줄의 도시
앞길을 잃어버린 채
거미줄을 따라 돌며 거미줄 밖으로 탈출하려고
나날을 폭탄세일 처분해버리는 나
*

죄가 투명해지거든

지은 죄 선명할 때가 있다
부끄럽게도 투명해지거든
떠나기 좋은 시간

비로소 기도할 시간 다가왔으니
오직 이 작별이
단 한 점으로 거룩하기를 바랄 뿐

퇴색한 늙음은 한탄 말라
유쾌한 작별의 한나절이 되기를
다짐할 뿐
*

겨울나무

콧속으로 깊은 숨 들이쉴 때
쨍하는 얼어붙음의 순간
문득 멈추고
동짓날 푸른 유리 벽 올려 보네

저리 적막(寂寞)할 수가

느티나무 담근 발이 아리고 시린 하늘은
푸른색 깊고 깊은 눈물

실오라기 한 잎마저 깨끗이 벗은 나신의
너는 언제나 쨍그렁 깨지는 내 가슴이니
잔가지들 통증은 실금까지 선명하구나

한번 굴러 조각나는 내 심장이라면
평생 네 가슴 구른 내 발자국의 만행(蠻行)을
그대여 용서하라.
*

앗숨_Ad Sum

시집을 발간하고 보니
오래전에 썼다가 행방불명된 시(詩)들이
어느 구석에선가 눈에 띈다.
저요 저요~.

사제 서품식에서 새 신부들의 이름이 불리면,
"예. 저 여기 있습니다."라고 소리치며
앞으로 나아간다.
라틴어로 "앗숨"(Ad Sum)
"부르심에 응답합니다"라는 의미다.
마치 그렇게
숨었던 시들이 걸어 나왔다.
신비다.

의미 있는 날들의 잊지 못할,
찬란하기만 했겠나
찢겨진 마음도 있었다.
잘 간수했다 다음 시집에서
얼굴을 내밀게 해야겠다.

그래. 어서 와.
Ad Sum.
*

나는 왜 항상 왜소한가

천박한 시대가 오기 전에는
삶을 거는 시대도 있었다는데
나는 왜 항상 사소한 것에 거는지.

갈림길에서 의연했고
평생을 지키는 웅지도 있었다는데 하고 한숨 쉴 때면
가끔은 너는 왜 사느냐
청천벽력 같은 질문을 하고 싶다
느닷없이 미친 듯 살고 싶다는 유혹에도 빠지고 싶다.

삶의 찬란함을 잃고
미워하는 마음에 몰입될 때
스스로 검은 땅으로 들어가려 할 때
다시 한 번 갈 곳의 좌표를 본다.

세월의 마모를 보여주는 바위
그래서 사랑의 아픔을 아물게 하려거든
산정에 서라고.

흔적의 사라짐을 보여주는 바다
이별의 적막을 버리려거든
해변에 서라고.
＊

한 번의 다짐

집안을 파탄 낸 자식의 기행을 듣고
하늘이 노랬다.

정작 쓰러질 듯한 이는 아내였지만
무너지는 자신을 힘겹게 추스르고는
심장이 빨라진 내 뺨을 연신 만지며
"정신 차려요 쓰러지지 말아요."란 말
아득하게 들린다.

"당신 없으면 난 아무것도 아녜요.
허수아비처럼 사는 거니
여보 힘내요."라며, 울고 우는
그를 두고 내가 어찌 주저앉고
내가 어찌 아플 수가 있고
그를 두고 세상을 먼저 떠나겠는가

다짐한다
살아보리라

그대를 앞장세운 울타리로
온 세상을 걸으리라
껄껄 웃으며
*

정류장에서

01. 아직도 도지는 몽유병이냐
    밤의 빈 거리 하릴없이 쏘다니다
    마을버스 정류장의 온열 의자에 앉았다

    출발도 도착도 기다림도 숫자가 되는 곳
    모든 꿈도 기억도 한 방향의 기호로 하차하고
    하루를 마감한 삶들이 승차하던 막차도 멎었다

    지금까지 아무 일도 없었고
    나의 내일 역시 아무 일도 없으리라는 듯
    변함없는, 변해서는 안 되는 노선표만 선명한 아래
    내 나이테도 시도 사라져 안부를 찾을 수 없고
    쏘다니는 이유도 잊어버린 채
    70대의 이마에는 차디찬 행방이 망연한데

02. 언 두 손을 따끈한 열기의 엉덩이 밑에 묻고는
혼자서 뿜어 바라보는 하얀 입김
헐벗은 육체의 쓸쓸함이여
빛나는 정신의 곤궁함이여

빙하의 단검으로 벼린 자정을 껴안고
들어가지지 않는 작은 방랑을 질문할 때
등잔 심지 숲 사이로 희망과 절망의 번호를 물으며
한 칸 한 칸씩 헤엄쳐 가는
붉은 꼬리 등

아마도 멈추어 경계에 서야만 경계를 벗어나는 것처럼
어둠을 만나 새벽이 되는 저 붉은 신호등 너머
아지랑이처럼 숨어있을,
혹한에 더 뜨거웠을,
내 시를 닮았을,

그 숨 가쁠 봄날의 청빈한 종점을
다시 한 번 기다리는 거라
*

어떤 나이테

01. 한밤의 캄캄한 하늘을 바라보았다.
    어느 별 속에 깃드셨는지 찾을 수가 없지만
    계시리 믿으니 침묵으로 소리쳤다.

    아버지 제가 희수(喜壽)랍니다. 아시죠?
    큰 웃음 출렁이는 가슴에 한 살로 돌아간 제 얼굴 파묻고
    땀냄새도 섞였던 체취를 껴안고
    그 무엇이건 용서를 빌고 싶은 이 나이를.

    언제나 대답이 없으시지만
    지나고보니 아들 딸을 보내주셨네요.
    애타게도 대답 없으셨지만
    손자도 보내주셨네요.

02. 내 얼굴만 보아도 이 원통함이 무언지 아시고
다독이셨을 엄마도 부른다.

지상에 꽃처럼 태어나게 하신,
눈물겨운 운명들을 만나
그들과 숙명적인 사랑을 나눌 수 있게 해주신,

나도 울어야할 시간이 있음을
그 정적을 주신,
고마움을 잊지 않으렵니다.

시를 쓸 수 있는 지력이 88까지 팔팔하도록
아주 멀지만 제 뒤에 가까이 계셔 주세요.

살아계실 때는 못난 짓만 하더니 이제서야 철들어
아직도 남은 응석으로 빕니다.
(2025. 06. 01. 생일 새벽에)
*

제5부

봄날은 간다

삼월의 눈을 보며 : 봄날은 간다 15

또 다시 온 봄. 또다시 떠나겠다며
3월 함박눈으로도 한정 없는 수다건만

그 투정이 눈물겨운 것은
우주의 한 점인 내 속에서
또한 한 점 눈으로
그대 영혼이 새겨진다는 거지.

하지만 더 눈물겨운 것은
이 세상 어디에도, 아니 우주에도
흔적 없을 적막으로 녹는다는 거지.
*

산불 : 봄날은 간다 16

꽃들의 봉기는 하룻밤 새다.
노란 담장 진(陣) 펼쳐져 아파트는 포위되고
건너편 성당 마당엔 순식간에
목련이 촛불을 눈부시게도 높이 들었다.

저 성화가 달려 닿는 곳
이윽고 봉수대에도 진달래 불붙고
타닥타닥
온 산 점령하는 불길 소리

폭설 경보조차 두절되어 장엄했던 계절의
어둠은 하염없이 깊어
아궁이 앞에만 망연히 앉아있던 긴 겨울
내 눈 시리던 불길의 혀처럼
절절 끓는 무쇠솥의 웅얼거림처럼
둥 둥 둥 둥
심장소리로 봄은 진군하니

언제나 마음 한구석 비천하게 남아있어
속절없던 내 울음이여
조각보 남은 붉은 천으로 성화에 불타라

부디
이 봄에
＊

사무침에 대하여 : 봄날은 간다 17

볼우물에 잠긴 분홍 그늘 사라지고
지난해 누군가의 부음(訃音)은 무채색 바람에 실려
늙은 나무 사이를 비집고 떠났다

피라미드 깊은 어둠 속 유폐된 스테인드글라스의
모자이크 한구석 잠에 새겨졌던 처녀
가슴 시리게 지상에서 만나게 되는 그녀의 목련은
실명의 봄에 무사히 도착했는지 모르겠다
누군가는 그곳이 고해성사(告解聖事) 하기 좋은 곳이라지만
누군가는 그곳에 도착하면 아마도 비가 올지 모른다지만
하지만 나는 오래 서서 폭설을 바라볼지도 모르겠다

꽃이 있어 꿈을 꾸고
꽃이 있어 지는 쓸쓸함 알아가는
첼로의 현 사이 활이 가르는 항해에서
우리의 만남은 헤어지거나 만나며
Bach의 돛폭 위로 아름답게 솟아 드디어는 흩어지는 건지도.

그대를 만날 수 없다는 오늘은
이 은하에서는 다시없는 순간이기에
그래서 그리움은 이렇게 사무치는 건지도

나의 이 생애는
수많은 봄들이 죽고 죽은 어느 고대 유적지 침묵 사이를
천천히 걸어가는 일인지도
*

아득한 저것은 말이다 : 봄날은 간다 18

낮에 놀다 헤어진 손자처럼
막 돌아선 그리움도 그리움이지만
말구렁에서 만난 아버지의
가물가물한 웃음과 커다란 손만 하랴.
그 손에 찰랑찰랑 아득한 그리움만 하랴.

봄날 살구꽃 그늘 아래서
등 긁어주시던 엄마 손의 촉감.
고왔어야 할 손바닥이건만
수수깡처럼 낡고 닳아서 시원했던
그 손에 남실남실 은은한 아픔만 하랴.

아직도 철없이 늙은 내 등
엄마에게 맡기고픈 봄날을 보면
문득 가물가물한 그것.

한세월은 족히 지나야만 보일 듯 말 듯
맵싸한 낙엽 냄새를 닮은
안타까운 아득한 뒷모습 말이다.

수십 년을 가슴속에서 삭고 삭은 그리움 말이다.
*

엄마의 봄 : 봄날은 간다 19

돈 한 푼 있을 리 없는 엄마인데
무얼 사달라고 졸랐을까
십리나 걸어야 점방(店房)이 있었건만

치마꼬리 매달려 칭얼거리면 맡아지던
부뚜막 뽀얗던 김 냄새
가마솥 고소한 밥 냄새
아궁이 솔가지 불 냄새
때로는 설거지 냄새거나 쇠죽 냄새

돌아가신 엄마 나이 쫓다보니
숨어있던 향기도 맡아진다
대문 밖 둥구나무 새순 아래 감추던 눈물 냄새
노성산 먼 벚꽃은 아득타 남모른 한숨 냄새

한 생애 나이테를 꺾어 지핀 사랑
하늘 오르시면서 대지에 뿌리시더니
봄으로 오는 엄마 냄새

온 천지를 진동하며
땅 북받치는 향기들의 랩소디(Rhapsody)여
오
연초록
오르가즘
*

이팝나무 아래서 : 봄날은 간다 20

몸서리 끝 이팝나무 가지 꺾이고서야
한철 눈부신 유혹 비바람이 접고

지상으로 뛰어내린 궁녀 치마폭들
밑동마다 점묘화(點描畵)로 백혈에 젖다

나비의 날개로 떠나는 당신 발걸음 뒤
껴안아보지 못한 아픔은 아린데

라흐마니노프의 하얀 건반들처럼
노상 계절보다 뒤처져 가셨던 아버지

먼 발치 남은 그림자
사라질 때까지
아니 사라진 후에도
말 없는 봄빛으로
*

3월의 눈 : 봄날은 간다 21

섬진강 매화가 봄비에 젖건만
동해안에는 3월의 대설주의보라네.
우리 마을에도 또다시 눈이, 아니
눈사태가 올지 모를 예감을 꿈꾼다네.

행여 네가 돌아온 듯
철 잊은 '숫눈' 쌓인다면
햇살에 다려진 기저귀 빨래
광목 냄새 스민 눈 체취를 맡으랴.

맑은 웃음 같은 것 아기 울음 같은 것들
소복해진 담장 곁을 걸으랴
곧 벚꽃 물결이 밀어닥치는 계절이니
분분할 그 함몰(陷沒)에 또 다시 빠지랴.

친구의 부음(訃音)은 눈처럼 찾아와
두서없는 낙서로
다시 올 리 만무한 지난 청춘의 우정을
발 떼지 못하는 겨울
그 온기처럼 추억하랴.
*

[註]
숫눈 : 눈이 와서 쌓인 상태 그대로인 깨끗한 눈.

사월 : 봄날은 간다 22

이팝나무꽃
눈부시다

어린 시절 우리집
머슴살이 하던 육서방 아저씨

선한 눈빛 닮은 그 아저씨네 아이들
올망졸망 양지 담장 아래서
꿈꾸던 하얀 고봉 쌀밥

아득하게 아픈 허기
사월의 은하(銀河)
*

사월도 바다 : 봄날은 간다 23

초록 치마 한껏 바다로 펼친 느티나무
그림자 아래 벤치에서 오래도록
닿을 수 있을 것 같은 길들을 올려본다
그러나 갈 수는 없는 길 끝들을 바라본다

아득한 멀게 수런수런거리는 손짓이여
그리움 닮았구나 생각하니 그리운 손짓
아픔을 닮았구나 생각하니 아픈 손짓

새겨졌을 예리한 상처를 생각하니
그날의 가슴에 물결치던 불면의 울음들
해걸음 속도로 여린 색조의 캔버스를 건너간다

한 소쿠리 뿌린 별사탕처럼
듬뿍 적셔 불어올린 초록 비누방울 방울처럼
우주로 가는 봄을 저어가면

받드는 모양으로
흐르는 모양으로
아기 손 모양으로
뾰족하게 둥글게 잼잼잼 빛나는 바다

지난해 내가 지나온 봄 바다 아래
전생처럼 고양이가 웅크리고 앉아있다
*

복사꽃 아래로 : 봄날은 간다 24

너의 굳은 살과 악수하고
돌아서서 울었다네.
배꼽 잡고 웃던 그날의
우리 청춘을.

집에 잘 들어가서
아내 이름을 부르게.
문 열리거든 늙은 그녀가 지녔던
그날 그 곱던 신화를 껴안게나.

복사꽃 아래
봄날 어깨동무로
눈물겹게 스쳐갔던 날처럼
*

낙화 : 봄날은 간다 25

꽃잎에 적힌
누군가의 운명(殞命)

잠시 멈춘 계절 남루한 폭풍을 접고
잠시 멈춘 적막(寂莫)을 한 번 더 접어

느린 경사의 기울기 위에
긴 악장의 한 생애(生涯)가 사라지고
그대 남긴 빈 좌석에 섬처럼 머물렀다가
아슴한 무게로 하강(下降)하는 마침표

다시금 강으로 돌아올 엽맥(葉脈)이여
혹한의 뿌리에 기억되기를
*

화양계곡 : 봄날은 간다 26

누구라도 노을 곁에 앉아
편지를 쓰고 싶은 날이 있다.

사각사각 연필심 소리 따라 네가 떠오르는
긴 악장(樂章) 위의 봄날이면.

급하게 달리던 계곡물이
백사장을 만들며 게으르게 휘돌던
넓은 바위.
나른하게 데워진 시간이 내려앉은
화강암 온기에 뺨 대고
쉼표처럼 웃던
조팝나무 화관을 쓴 내 처녀 같던 봄날이면.

한 묶음 꺾은 토끼풀을
같이 돌던 돌담 모서리에 끼어 넣으며,
"난 몰라" 돌에게 고백하던 봄날 오네.
*

절정 : 봄날은 간다 27

뒷산 초입 양지바른 풀숲
현호색이 이룬 영토를 건너, 한발 더
숲으로 들어선다.

곳곳에 성냥개비 끝 붉은 유황을 문 듯
연지 곤지 진달래 촉들의 바다
그 가운데 서둘러 터진 한 송이
지난 겨우내 누굴 향한 설렘이
저리도 성급했나.

길을 향해 빼꼼 내민 연분홍 입술에
불붙기 기다리던 저 모든 발화점들이
자칫 첫 키스로 불 댕기는 순간
온 산은 화염에 쌓이리.
내 눈도 불붙어 멀고
가슴도 타 재만 남으리.

그리하여 봄날은 가리.
*

송화다식_松花茶食 : 봄날은 간다 28

송홧가루 날리기 시작하면
오월은 푸르구나 우리들은 자란다
노래 부르며 산으로 간 동무들

한나절 쏘다니며 송화 털면
솔방울 닮은 우리 머리통들 노랗게 염색되고
콧물은 왜 그리 잘 흘렸던지
노란 분 바른 얼굴에 선명한 콧물자국은
두 줄기 시냇물
계집애들과 마주 보며 자지러지던 산비탈 건넜지

그렇게 바가지 곱게 받아오면
할머니가 조청 넣고 버무려
다식판에서 쏙쏙 빠져나오던 앙증맞은
송화다식들

나이 들어서야 깨닫는 솔향 은은한 맛
제사상 위 떠난 이를 향한 그리움보다야
더 깊겠냐만

먼 산 노랗게 흐르던
그 윤사월은 어디

까닭 없는 봄이 어디 있으랴
: 봄날은 간다 29

봄이 아름다운 것은
솟아나는 것들의 자태가 눈물겨워서다

봄이 찬란한 것은
이별을 예고하는 화려함이 아파서다

그래서 지난해도 내년에도 올해처럼
봄은 슬픔이 담긴 아름다움으로
찬란할 뿐이다
*

선사 전시관에서 : 봄날은 간다 30

안개가 내려와서 하는 일은
박물관 마당에 정갈하게 배치된 팬지 화분들을
내 앞으로 밀어놓다가
혹은 멀리 떠밀어놓곤 하는 것

안개비로 바뀐 무딘 봄바람 하는 일은
내 이마에 벌써 이른 번을 넘게 적거나
한 계절 설레던 페이지를 지우며
박물관역 여름 입구에 하차했음을 알려주는 것

고대 선사 전시관에 들어서니
새순들이 가지 끝마다 비집고 나왔다던
석기시대 돌 부딪는 소문은 잠적하고
혹은 막 도착한 열차처럼 유물들이
거친 숨을 고르고 있는지도 모르겠다네

제목만으로 나란히 줄지은
서가의 제목들처럼 모로 잠든 운명들은
유일했던 삶과 생각을 증거하는지도 모르겠다네

낯설지만 낯익은 계절의 환청들 담긴
아버지 전축의 낡은 음반을 돌아
신발 끄는 소리 빗소리와 함께 퇴적층에 묻고

엄마 젖 냄새 끝
이제는 손자가 부르는 소리마저

작별하기 힘든 봄날이 가는
나의 전시관을 돌아 나왔다네
*

정류장 나들이 : 봄날은 간다 31

구성 힐스테이트 앞의 큰 도로
아파트 신축하며 미리 낸 시설이라
애초에 다니는 버스가 없는 정류장.
옹기종기 할머니 셋이
봄 버스를 기다린다.

할머니들 등으로 살며시 도착해
출발할 줄 모르는 봄볕은
무한정 즐길 수 있는 덤.

오지 않는 버스를 종일 기다려도
우수 경칩 한나절이 지루하지 않은 건
아득하게 살아온 날들의 버스가
차선도 없는 하늘 노선을
끊임없이 출발하고 정차하기 때문이다.

어느 곳은 신랑 만난 첫날밤 정류장
부끄러움이 아직도 생생하건만
놀리려는 듯 빤히 보며 웃는
그 양반이 기다리고.

아들 얻던 날 환희 벅찬 정류장엔
고 녀석이 환하게 웃으며 기다리고.

못 먹여 하늘 보낸 먹먹한 곳엔
눈물 그렁그렁한 딸년 뒷모습.

또래 할머니들끼리 이심전심 봄 버스가
그 세월들을 말없이 부리고 태우는
오늘도 셋이 모여 기다리는 정류장.

구례 산동마을의 노란 산수유 꽃
노랗게 물든 바람이 올라와
햇살에 넘어져 구른다.

*

그해도 봄날 : 봄날은 간다 32

목련을 지나온 봄바람이 나를 불렀어
향기로운 시어(詩語)를 쏟아내는
라일락 아래 당신이 서 있다고

유혹의 말은 한마디도 못 했어
그대가 유혹보다 더 눈부신 달빛
유혹보다 더 눈부신 모래밭이었거든

토끼풀 꺾어 만든 꽃팔찌
그 마을 골목 돌담 틈에 끼워 넣으며
"내 마음 누구에게도 안 빼앗길 거야"라고
맹세하던 그대의 봄

징검다리 끊어진 곳
부서져 흐르던 냇물
달빛처럼 가벼운 그대를 업고 건널 때
"맹세를 어째. 난 몰라요"라고
고백하던 그대의 봄

황해도 "김이포(金二浦)제련소"
양말도 없던 혹한(酷寒)의 일제 암흑기를 보내셨다는
아버지의 겨울도 기어이 가고야 말면
엄마는 툇마루 살구꽃 그늘 아래서
재봉틀로 봄날을 박으셨다지
*

詩 펼친 느티나무로, 내 곁에 선 그는

- 배인환 _ 한 평생 항해하고 있는 시인
- 심원섭 _ '찬란'의 힘
- 정상순 _ 시인아 시인아
- 한철수 _ 아름다워라 타오르는 들불은

한 평생 항해하고 있는 시인

● 글_배인환 / 시인. 전원문학동인회장.

정태욱 시인의 시집에 「발레리에게」 라는 시가 있다. 발레리는 누구인가? 그는 프랑스 상징주의 완결자라고 하며 그의 시 『해변의 묘지』는 너무 유명하다.
다음 시를 감상해보자.

> 해변에 선다
> 시퍼렇게 날 선 저 수평선 딛고
> 광대하게 건너오는 바람의 갈기를 보라
>
> 네게 가지 못해
> 미치광이로 풀어헤쳤던 머리칼이냐
> 드디어는
> 강철에 새겨두었던 꿈인가
> 파도의 끝 펄럭이는 포말이여
> 깨우려는가
>
> 세찬 바람에 맞서
> 온몸이 받는 팽팽한 저항감이여
> 그 '중력'만큼 '의지'를
> 나 홀로 확인해보는
> 발레리의 해변
> 「발레리에게」 전문

시인은 "네게 가지 못해 / 미치광이로 풀어헤쳤던 머리칼이냐 / 드디어는 / 강철에 새겨두었던 꿈인가"라고 시적 의지를 표현했다.

프랑스 상징주의는 어떤 의미인가. 상징주의(象徵主義)는 19세기 말부터 20세기 초에 걸쳐서 프랑스를 중심으로 나타난 예술 사조이다. 자연주의나 고답파(高踏派)에 대해서, 주관을 강조하고 정조(情調)를 상징화하여 표현하는 것을 주안(主眼)으로 했다.
《악의 꽃》의 보들레르를 비롯하여, 베를렌, 랭보, 말라르메 등이 대표적인 시인이며 마테를링크, 릴케, 예이츠, 와일드 등 20세기 주요한 문학자는 여기에서 탄생되었다. (출처-위키백과)

현대 시인치고 상징주의 영향을 받지 않은 시인은 거의 없을 것이다. 정태욱 시인의 시는 더욱 뚜렷한 것 같다. 따라서 이런 각도에서 그의 시를 보는 것이 보편적이다.

>   갯벌에 그은 뻘배 흔적들
>   어디서 씨앗으로 날아왔느냐
>   실뿌리 내려 들꽃으로 피어 살았느냐
>   질문처럼 석양에 지워지고
>
>   한 발로 밀며 삶을 지탱하던 널판지 뒤로
>   아낙의 발자욱 고된 웅덩에
>   푹푹 눈쌓이기 전
>   어느 철새는 서둘러 떠나고
>   어느 철새는 돌아오는 것처럼
>   벽난로 불길 속에서 자기 가슴 태우는 노을이거니
>
>   오 겨울이여
>   동면에 들기 위해 크게 켜는 기지개처럼
>   잘 익은 갯벌로 짱뚱어 숨고
>   칠게 되새김으로 짠물은 살쪄
>   그 깊은 곳에서는 계절이 깊겠거니
>   「갯벌」 전문

시인치고 바다를 사랑하지 않는 시인이 있겠는가? 그런데 정 시인은 바다보다 갯벌을 더 좋아한다. 갯벌에는 어머니의 삶이 있기 때문이다. 어머니의 삶은 실은 우리들의 삶이다. 인생에서 삶보다 더 중요한 것이 있겠는가.
그의 시관이 가장 잘 나타난 시가 있다. 바로 다음 시다.

집 앞에서 혼자만의 200그람
갈비살 시켜
한 병 마시고 있어

주점 이름이 봉급날이야
받아본 지 아득한 급여 아끼듯
한 잔 한 조각 음미하며 연탄불에게 물었어

여우불처럼 소리 없이 휩쓸며
사정없이 태우던
봄은 지금 어디 있는 거지?

유리창 밖 흔적 없이 사라지는
저 목련과 벚꽃들의 함몰을 생각하자면
술 한잔 가지고는 어림 없지

그대를 찾아
그대와 함께
난 한평생 항해하고 있으니 말야

「연탄불 주점」 전문

이 시가 그의 시중에서 상징주의에 가장 맞는 시일 것이다. 이 시 한 편으로 논문을 쓸 수도 있을 것이다. "그대를 찾아/ 그대와 함께/ 난 한평생 항해하고있으니 말야" 라고 말하고 있다. 그대는 무엇이기에 무엇의 은유이고 상징이기에 나는 그대를 찾아 그대와 함께 항해하는가? 그것도 한평생. 이건 간단한 문제가 아니다.

시의 제목이 연탄불 주점이다. 연탄불을 피워놓은 걸 보니 늦은 가을 아니면 겨울일 거 같다. 더 확대해서 해석한다면 희수인 시인 자신이 아닐까. 시인은 집에 들어가지 않고 퇴근길에 한잔 하는 것 같다. 주점 이름은 '봉급날' 이다. 이 착상이 기발하다. 시인은 혼자 술을 마신다. 이태백의 후예답게 애주가인 것 같다. 또한 달리 생각하면 한과 고독, 헤어날 수 없는 깊은 슬픔을 달래기 위해서 술을 마시는 것은 아닐까.

받아본 지 아득한 급여라는 구절에서 주인공은 혹시 오래전에 해고당한 실업자가 아닐까. 또는 오래전에 은퇴한 봉급자. "한잔 한조각 음미하며 연탄불에게 물었어" 연탄불이 무엇의 상징이기에 연탄불에게 지난 봄을 목련꽃과 벚꽃의 함몰을 묻는가? 연탄불은 표면적으로는 고기를 굽는 불에 불과한데 다른 뜻이 있는 것 같다. 그래 놓고 술 한 잔 가지고는 안 된다고 말한다. 연탄불은 추위를 막아주고 따뜻하게 해주는 어머니의 마음 같은 것이 아닐까.

이제 '그대'가 무엇인가를 대답할 차례가 된 것 같다. 대답은 각자가 하길바란다. 답은 다양할 테니까.

>   화염 식은 후
>   작은 항아리에 담겨 나온 그
>   칠판에 적었던 평생을 지운
>   백묵가루일까
>   곱고 눈부시게 변신했구나
>
>   왜 타고 남았냐고
>   왜 타지 못한 그리움이냐고
>   혹은 미처 사랑하지 못한 흔적이냐고
>   아무리 물어도 대답 없는데

한 번만 더 뒤엉켜 발버둥 치고 싶은 청춘처럼
아득하게 닿을 수 없는 이 거리는
차마 눈부셔 바라볼 수 없는데

작은 단지는 상기도 열기가 남아
내 손끝으로 아련한 시간을 말해주는
그대여
내게 귓속말로 속삭이는가

어둠에 봉인되어서도
이글거리는 혼불 잠재우는
저 겨울의 침묵을 바라보노라고

「작별」 전문

이전의 작품에서 생에 대한 이야기를 했다면 이번에는 죽음의 문제를 다루는 것이 순서일 것 같다. 그런데 시인은 죽음을 죽음이라고 표현하지 않고 작별이라고 표현한다. 어떻게 보면 불교에서 이르는 윤회를 가슴에 담아두는 것이 아닐까.

신호등 건너려다
꽃가게 좌판 가운데서
'캄파눌라' 명찰을 달고 손짓하는 네게 이끌렸다

네 고향은 어디야?
성운의 저 건너편 어느 가장자리 우주야?
어디서 자주색을 얻은 거야?
흰색 술은 누가 달아준 거야?

한정 없이 바라보아도 물어보아도
백치처럼 웃기만 하는 널 뒤로하고

강처럼 흘러오는 운명들을 거슬러 건널목을 건넜다

나는 모르는 것 투성이 세상에서
아무것도 모른 채
또한 아무도 나를 모른 채

어느 골목을 우연히 꺾으며
또한 우연히 너를 만난 것처럼, 우린
우연한 내일 아침을 맞겠지

알고 보면 기적인
「캄파눌라」 전문

시인은 신호등 건너려다 캄파눌라를 본다. '캄파눌라'는 오늘날 반려견처럼 키우는 꽃이다. 보라색 꽃이 인기 있나 보다. 캄파눌라의 꽃말이 재미가 있다. 꽃말은 만족, 변치 않는 마음, 감사, 따뜻한 사랑, 상냥한 사랑 등 좋은 말은 다 가져다 놓았다. 시인은 독자에게 감사하는 마음으로 캄파눌라 꽃다발 같은 시의 꽃다발을 선사하고 싶어 한다. 이 점이 시인의 진정한 마음이다.

이런 시인은 다음과 같이 "대 긍정"에 도달한다.

지상에 한 점으로 솟아
이처럼 찬란할 수 있다는 것 말이야
안 그래?
「순간에 대하여」 일부

'찬란'의 힘

● 글_심원섭 / 前 돗쿄大 교수. 문학평론가.

01.

'낭만주의 시 강독'이던가, 대학 초년 시절 청강했던 영문과 수업 광경을 늘 잊지 않고 있다. '낭만'이라는 단어에 혹해 고른 수업이었지만, 복숭아꽃 빛깔의 '낭만'은 없고 흑갈색의 지리한 '비탄'이 있었다. 셸리 시 강독 시간이었을 것이다. "오오—"하고 시작하던가. 인생의 마지막 계단에서 지나온 길을 바라보노니 운운하는 내용이었다. 해프닝이 벌어졌다. 강독을 계속하던 노교수가 큰 수건을 꺼내 눈물을 닦기 시작한 것이다. 한동안 그 모노드라마는 계속되었다. 수업 분위기는 숙연해졌지만, 갓 스물의 우리는 그 '비탄'을 정말로 이해하기 어려웠다. 그 교수의 손수건이 너무 큰 것이 종내 어색했다.

나는 어느덧 그 교수의 당시 나이보다 10년을 더 살아 70을 바로 눈앞에 두고 사는 '노교수'의 말석에 끼게 되었다. 장년과 중년의 초라한 협곡 사이를 기어가며 뛰어가며 몸부림도 꽤 쳐 보았으니 '노교수'가 그때 눈물을 멈추지 못했던 이유도 어렵지 않게 짐작된다. 그도 협곡 속에 홀로 누워 있던 자신의 모습을 바라보며 울었던 것임에 틀림 없다.

우리는 누구나 과거를 운다. 현재도 운다. 울 일이 많다. 이것이 시간 속을 흘러가는 인간의 어쩔 수 없는 숙명이다. 그 중요한 심리적 인자는 후회와 자책과 한탄과 분노다. 미숙과 무지라는 인간의 근본 조건이 그 밑바닥에 있다. 그리하여 받을 것은 오고 줄 것은 주게 되어 있다. 만세 전부터 짜여 있던 계획대로 혹은 우리가 헬 수 없는 거대하고 미세한 우주 인과의 법칙에 따라 일어나는 일이라지만, 늘 일희일비 속에 사는 것, 고통을 받는 일, 고통을 주는 일을 피할 수 없는 것, 이것이 우리의 삶이다. 이를 증언하는 일도 실은 시인의 숙명이다.

02.

정태욱 시인은 결 곱고 심성 고운 충청도 시의 큰 전통 속에 오롯이 계신 분이다. 감수성 뛰어난 여느 여성분들보다도 더 계절과 꽃과 나무와 자연 감성이 섬세하고 깊다. 그렇다고 하여 전원 속에 묻혀 있는 분도 아니다. 도시 생리를 기반으로 하면서 그 시선이 자연과 고향과 유년과 가족과 소시민 일상 쪽으로 늘 열려 있다. 그의 언어 감각이 균형을 벗어나는 일이 없는 것도 이와 관련이 있다.

인간을 바라보는 눈도 긍정적이고 따뜻하다. 풍성한 가족애의 역사가 늘 시 속에 넘친다. 원래 문학은 결핍이 많고 옹이가 많고 삶의 경계에 서 있는 사람들이 하는 경우가 많다. 그래서 어울리면 서로 서툴고 가없고 거칠다. 이 법칙이 들어맞기 어려운 시인 중의 한 분이 정 시인이어서 그의 언어와 삶은 대부분 곱고 순연하고 균형적이다.

이번 시집 『지상의 찬란함에 대하여』는 크게 보아 두 부분으로 나뉘어 있다. 전반부는 인생과 언어를 졸이고 농축해서 쓴 시편들, 이 세상 시의 90프로 이상이 그에 속해 있는 서정시편들이다. 후반부는 인생시편, 생활시편들이라 부를 만한 것들이다. 모종의 격렬한 인생 사연들이 바닥에 있어 그것이 종종 울분과 한탄과 격노로 시의 표면으로 끓어오른다. 정 시인의 시를 오래 보아온 것은 아니지만, 아마 정 시인의 시의 역사 중에서는 흔치 않은 예가 이번 시집 속에 담긴 것이 아닌가 추측해 본다.

> 한낮의 대로에서
> 갑자기 울고 싶어지는
> 「수소문」에서

> 다짐한다
> 살아보리라
> 「한 번의 다짐」에서

> 하늘로 오르려는 누군가의 영혼을
> 지상에 묶어두는 가는 실
> 「연」에서

실생활 속의 정 시인은 흔히 역경이라고 부르는 모종의 인생 국면과 격투를 벌이고 있는 중인 것 같다. "한낮의 대로에서 / 갑자기 울고 싶"다는 것은 발밑이 무너져내리고 있음을 보고 있다는 뜻, "살아보리라"는 삶의 무시무시한 어느 지대를 화자가 막 통과하고 있다는 뜻이다. 오르지 못하고 "지상에 묶인 연"은 물론 화자 자신이다.

이 역경 체험을 둘러싼 디테일들이 이 시집 속에 많이 공개되어 있는 것은 아니지만, 더 이상의 인용은 삼가자. 다만, 시 작품 자체라는 면에서는, 이 작품들을 포함한 정 시인의 생활시편들이, 평소의 나긋한 시풍과는 아주 다른 종류의 에너지와 작시 스타일을 보여준다는 점, 기록해 두고 싶다. 거칠고 굵은 통나무가 스트레이트로 뿜어내는 에너지라고 할까. 오래 공들이는 첨삭과 두뇌를 혹사시키는 가공 작업이 필요없는 이 힘찬 에너지가, 그대로 한 편 시의 완성도를 받쳐주는 이 세계, 정 시인의 작시 세계에서는 새로운 예에 속하는 것이 아닐까 추측해 본다.

03.

인간의 욕망과 감정, 그리고 사고의 속성은 항상 아이러닉하다. 어느 존재든 평상시는 평범하고 흔하고 익명적이어서, 왔다 사라지는 수많은 존재의 일부로만 존재한다. 그러나 그 존재 중의 어느 작은 개체 하나라도 '결핍'에 둘러싸이면 갑자기 충만한 빛을 발산한다. 캄캄한 어둠 속에 서서 촛불 하나를 켜들어 보라. 가냘퍼 보이던 그 촛빛은, 사방 십여 미터를 채우고 있던, 완벽하고 거대한 어둠을 일순에 제압하고 찬연히 선다. 그 빛은 찬란하고 완전하다. 그 어떤 종류의 결핍과 고통과 불행도 이 촛불의 존재와 완전성에는 전혀 손을 댈 수 없다. 이 완전성이 우리 존재의 원모습이라고 인류의 스승들은 누누이 가르쳐 오셨다.

남은 것은 촛불의 의지뿐. 이대로 나와 남을 밝히는 길을 선택할 것이냐, 꺼지는 길을 선택할 것이냐가 남은 것인데, 바로 이 의지가 인생 천국행과 지옥행을 결정한다 하니, 평범한 듯하면서도 감사하기 짝이 없는 이야기다.

> 지상에 한 점으로 솟아
> 이처럼 눈부실 수 있다는 것 말이야
> 「순간에 대하여」에서

> 아이 키우는 저 아름다운 정경은
> 생각건대
> 할머니의 할머니의 할머니부터
> 손자의 손자의 손자까지 한정 없이 아름다운 반복이구나
> 한정 없이 바라보는 찬란이구나
> 「배롱나무 아래서」에서

이것이 이 시인의 선택 결과다. 실은 이것이 아주 '새로운' 선택이라고까지는 할 수 없는 것이, 정 시인은 이미 과거부터 무수히 이 '찬란'을 시 속에서 지속적으로 노래해 왔기 때문이다. 꽃과 봄날과 아기에 대한 감탄은, 실은 정 시인의 오래된 전공 영역이다. 이 바이러스가 어서어서 퍼져나갔으면. 이것은 정 시인에게 하사된 하늘로부터의 축복이다. "마지막"이라는 말만 삼가자.

04.

시집을 읽으시는 여러분께 여쭙는다. '지상' 생활, 어떠하셨습니까. 오랜 시간 걸려 내 차례가 오면 "매우 고단하였습니다." 이리 이야기하련다. '그 무슨 일이 있어도 꼭 갖고 싶은 것이 있었습니다.' 이렇게들 시작하지 않을까. 모든 이의 '지상 생활' 스토리란. 그 갖고 싶은 것을 얼마나 손에 넣었는가 여부를 두고 세상은 아우성 지옥판이다. '아름다운 경쟁'이라는 말은 올림픽 외에는 실존하지 않는다.

한편 '지상'이라는 말은 인생, 인생 과정, 인생 행로, 이런 말과도 다른 이미지를 풍긴다. 그것은 '지하'나 '천상', 혹은 삶의 경계를 시점으로 삼을 때 쓰는 말이기 때문이다. 정 시인의 경우는 높은 곳 혹은 먼 곳에서 과거 인생을 총괄 조망할 때 쓴다.

>꿈이 있어 꿈을 꾸고
>꽃이 있어 지는 쓸쓸함 알아가는
>첼로의 현 사이 활이 가르는 항해에서
>우리의 만남은 헤어지거나 만나며
>Bach의 돛폭 위로 아름답게 솟아 드디어는 흩어지는
>건지도
>
>나의 이 생애는
>수많은 봄들이 죽고 죽은 어느 고대 유적지 침묵 사이를
>천천히 걸어가는 일인지도
>
>「사무침에 대하여」에서

정 시인은 리얼리즘 시풍을 가까이하려 하지 않는 스타일의 분이다. 그이는 인생에서 거칠고 험하고 독하고 잡스러운 것들은 슬그머니 제쳐놓고, 어딘가 우아한 젊음의 냄새가 풍기는 인생 국면들을 모아 기품있는 시의 장(場)을 졸여내는 작시 원칙을 갖고 있다. 이것이 이 시인이 정리하신 지상 생활 총괄이다. 봄빛 따스한 고대 유적지 침묵 사이를 걷는다는, 이런 나르시시즘도 처음 본다. 몹시 아름답다. 당신들의 묏자리를 보아 놓고 귀가해 부인과 함께 우셨다는 목월의 시가 왜 생각날까. 그이도 몹시 인간적인 분이셨다.

이런 시는 어떤가.

>남은 한 조각이라도 여한이 있다면
>한 다발 웃음으로 삭이련다고
>사는 건 이렇게 화사한 것이라고

> 살아생전 가장 아름다운 웃음을 골라
> 마지막 인사를 보내는 꽃들
> 「삼일홍꽃밭」에서

이런 장례식장 시, 보신 적 있는가. 한국은 물론 일본에서도 본 적이 없다. 엄숙과 침묵이 필사적 예의로 강제되고, 고인과의 마음 나눔이 사실상 금기시되는 한국의 장례문화를 어루만질 수 있는 시적 발상 아닌가. 곱게 꾸미시고 밝고 환하게 웃으시는 고인들이 지인들을 반갑게 맞는, 아름다운 작별의 마음 꽃이 환하게 피어나는 그곳이 장례식장이 될 수 있다는 것을 처음 알았다. 무겁기만한 생사의 문제를 정 시인은 이렇게 일거에 순진하고 밝게 풀어내시는 능력을 갖고 계시다. 이 '빛'을 보여주는 시적 능력은 천부적인 것에 가깝다고 할 수밖에 없다. 이 환한 마음이 한국 사회 속에 널리 널리 어서 퍼졌으면.

정 시인은 이번 시집명을 『지상의 찬란함』으로 잡았다. 아마도 한국 시단에서 박재삼보다 더 많은 빈도로 '찬란'을 사용하신 시인이 되실지도 모르겠다. '찬란', 이것을, 그 순간에로 온정신과 마음이 쏠려 버릴 수밖에 없는 매력과 경의(敬意)의 최대치의 것. 이렇게 부연해도 될까. 깊은 명상이나 기도 속에 들어가면 이 상태가 오래오래 지속된다고 하는 분들도 있다. 이런 마음 경지로 인생 대부분의 시간을 보내시는 분들이 이 세상에는 틀림없이 계실 것이다.

> 느티나무 보이는 창가 내 자리서
> 읽다만 책의 그 페이지를 열 때 솟는
> 기
> 쁨
>
> 아무도 모른다
> 내 삶이 얼마나 찬란한지를
> 「그해 폭염의 찬란함」에서

찜해 놓은 창가 자리가 비어 있는 것은 참을 수 없는 기쁨이다. 의자를 두어 번 당기고 밀어 완벽한 자세를 찾은 다음, 표시해 놓았던 페이지를 다시 한번 확인하고 천천히 그곳을 젖힌다. 시인의 표정과 한여름 매미 소리가 눈과 귀에 선하다. 명색이 전문 연구자인 나 자신도 오래 잊은 채 살아온 이 한여름의 시(詩).

이 세계만 있어도 인생 충분히 살 만하고도 남지 않는가. 그 위에 무수한 기쁨과 찬란의 목록들을 시심 속 가득 품고 계신 시인, 고달픈 벗들에게 그 빛을 분배하시는 정태욱 시인, 인생사와의 고달픈 싸움 시간 속에서도 시집 출간 계획을 아주 잘 세우셨다. 그 의지로 모든 싸움을 승리로 이끄시길.

한여름 속의 찬란한 시집 출간, 축하드린다.

시인아 시인아 정태욱 시인아

● 글_정상순 / 시인. 창작문인회장.

시인아.
시인아.
천상 시인일 수 밖에 없는 정태욱 시인아! 그대 늦가을 젖은 벤치 위에 홀로 앉아 낙엽 한 장 데리고 무슨 이야기 심각한지, 시의 행간에서 나는 애처로워 하염없이 바라본다.
오늘도 불꺼진 찻집 문 앞을 서성거리며 무엇을 찾으려는 것인지, 누구를 기다리는 것인지, 묵언으로 중얼중얼 떠날 줄을 모르네.

그대 사유의 일상은 어릴적 이웃의 슬픈 가난 한 줌, 내 가족의 아련한 미소, 사랑의 눈 짓, 한데 뭉쳐 등짐으로 지고 관조의 늪으로 기약없는 여행을 떠난다.
곡괭이 대신 침 묻힌 연필 한 자루 거머쥐고 오르는 산행. 거친 바위 오르다가 숨돌리는 참엔 바랑 속에 담아 온 유년의 진한 추억 한 잔 마시고 거친 산 깊은 계곡을 심마니 되어 헤매다가, 날 저물어 노박한 날엔 글라주노프의 목가 한 토막 베개삼아 베토벤의 운명 한자락 끌어다 깔고 덮으면 그 밤의 평화 — — .

도대체 무엇을 찾아 평생을 낭비하는지 사람들은 부와 명예 존경을 위해 저리도 바쁜데, 도대체 정태욱 시인에게 어떤 목적의 삶이 어떤 경우에 와 닿아 어떻게 변신하는지.
자각 현실에 매몰되어 망설이는 이 순간에도 그의 방황은 멈출 줄 모르는가. 나를 찾아가는 길은 시를 동행하는 것이라고 그는 깨달았는가. 그의 필연이 어떠한 상황에 부딪칠지라도 이 방황은 끝날 것 같지 않다. 가다가 가다가 굳어버린 의식을 깨우는 천둥소리 같은 시 하나 만났으면 좋겠네.

시를 찾아가는 길은 나를 찾아가는 지름길. 평생을 목마르게 찾아가는 시의 종착역은 어디쯤 있을까? 지나던 걸승의 툭 던지고 가던 법문 한 마디.
"색즉시공(色卽是空) 공즉시색(空卽是色)"
우리 인생의 후렴이다.

아름다워라 타오르는 들불은

● 글_한철수 / 시인. 창작세계 발행인. 창의문학관 관장.

정태욱 시인은 나의 벗이다. 사람이 사람과 관계 맺는 일이 간단하지 않은 세상에서 50년이란 시간은 대수롭지 않다. 만나면 웃고 술을 나누다 보니 그런 시간이 흘렀을 뿐이다.

그와 나는 생각이나 가치관이나 사는 방식을 따져보지 않으며 살아왔다. 말을 나누다 말 사이 사이에서 그의 생각과 사는 방식과 가치관을 엿보았을 뿐 따로 그에 관한 대화를 나누지 않았다. 생각해 보면 참으로 무심한 세월이 이어져 왔다는 생각도 든다.

그가 이번에 제3 시집 『지상의 찬란함에 대하여』를 내면서 내게 시집 뒤에 붙일 글을 하나 써달라는 부탁을 해왔다. 어느 한구석에라도 착실한 공부가 적은 나는 망설여졌으나, 곰곰이 생각해 보니 그의 청을 그대로 뭉개기에는 그동안 그와 나 사이를 오간 마음이 초라해지는 것 같아, 그것을 면하고 남은 여정에 징검돌 하나 더 놓는 생각으로 이 글을 쓴다.

정태욱 시인은 음악, 미술 등 다른 예술 분야도 이해하고 깊이 감상할 줄 아는 재능을 가지고 있다.
60년대 말, 시골에서 대전에 와서 흥뚱거리던 나는, 그를 만나자마자 그의 다재다능하고 풍성한 마음이 가난한 나의 마음을 조금씩 적셔주는 것을 느꼈다. 그리고 시골 구석의 초라함을 도시의 화려함에 섞어주었다.

    그렇게, 가을도 지나
    겨울 억새 사이로, 흐느끼는 바람이 스쳐

한 겹은 순천만 위로 찰랑찰랑
　　한 자락은 낙안마을로 건너가
　　초가지붕에 나비잠(潛)이다가
　　고드름으로 얼어.

　　봄날쯤이면 늦잠을 깨려나
　　안젤라, 네가
　　버들개비 닮은 눈 뜰 때.
　　「나비잠으로」 전문

그의 청순하고 깨끗한 시심과 심성에 말없이 웃었고 술로 허기와 갈증을 풀었다.

정태욱 시인에겐 여러 차례 사법시험에 응시하였으나 실패하고 법학교수로 재직하면서 자신이 이루지 못한 사법시험 패스를 아들인 시인에게 희망을 버리지 않는 아버님이 계셨다. 그는 그 무게에 짓눌려 괴로워하던 때가 있었다. 그의 호방한 예술적 재능을 버리고 가슴 밑에 응어리진 무게를 짊어지고 떠나야 하는 날 저녁, 가수 장현이 부르는 「미련」의 가사와 음률에 몸을 맡기고 밤새워 술을 마실 때 그는 처음 울었다. 나도 따라 울었다.

　　은행잎 하나
　　정류장에 서 있는 내 품에 떨어졌다
　　하르르

　　누구의 한 생애이기에
　　내게 달려왔단 말인가
　　버스 몇 대 지나간 뒤에도
　　어느 걸 타야할지 잊어버렸다
　　「노란 자수」 일부분

정태욱 시인은 시인이다. 넘치는 예술혼은 한 걸음도 헛디딤을 용서하지 않는 법문을 뛰어넘어 시집 「청색 엽서」를 펴냈다. 그때도 내가 옆에 있었으니 시인의 가족들은 내가 떨어져야 좋은 데 떨어지지 않고 달라붙는 풀씨 같은 존재로 여겼을 법 하다. 그런데도 시인은 그런 걸 나타내지 않고 똑같은 표정으로 지냈다.

> 봄비, 그날 생각난다
> 눈물, 그해 생각난다
>
> 영낙없는, 그렇게 떠났던 네 뒷모습
> 등에 맞던 비보다 더 흘렀을
> 숙인 볼에는 눈물이었겠지
>
> 해마다 쓸쓸히 내리는 까닭처럼
> 해마다 벚꽃 물결 더 일구는 까닭처럼
> 미치광이의 이별이었던 속울음은
> 시퍼렇게 머리 풀어
> 광야 덮치는 들불이겠네
>
> 그리하여 계절의 먼 훗날도
> 눈물의 흔적은 새순처럼 돋겠네.
> 「봄비」 전문

시인은 봄비를 이별의 눈물로 인식하면서 아픔보다 더 아팠을 눈물을 찾아내 헤어짐의 비극이 개인의 문제가 아니라 미치광이의 풀어 헤친 모습으로 환치시키면서 '광야를 덮치는 들불'로 우리 모두의 문제로 풀어내고 있다.
이처럼 만나고 헤어짐을 경계하고 있는 시인은 스스로 누구와 헤어졌다는 소리를 들어보지 못했다. 살면서 사이가 좋아졌다는 사람보다 미워 틀어진 사람이 얼마나 많은 현실인가.

> 뜨거운 눈물도 없이 살았던
> 울부짖음도 없었던
> 보통명사로만 존재했던 나에게
>
> 「시인의 말」 일부분

이 구절은 이번에 펴내는 시집 『지상의 찬란함에 대하여』의 첫 페이지에 올린 시인의 말이다. 70대 후반으로 가는 그의 이 말은 가장 솔직한 자신의 고백이다. 시인은 삶의 낭떠러지에 서서 절망했다거나 신념을 이루기 위한 사회운동에 몸담진 않았으나 그런 상황을 누구보다 이해하고 공감하면서 괴로워하는 예술인이다.

시인이 어떤 세계를 살면서 그 세계를 시로 풀어내 공감을 얻어내기도 하지만 대부분의 시는 문학적 서정성이 결여되어 예술이라는 세계에 이르지 못한 채 혼자 떨어져 있는 사례는 흔하다.

정태욱 시인은 이 세상의 아름다움을 들여다볼 줄 아는 시인이다. 자신을 돌아보면서 진정한 아름다움을 구축해낸다면 이루지 못한 예술적 세계를 완성해 내리라 믿는다.

그리고

다시 걸어갔다

솔마루 詩人選 03 _ 정태욱 시집

地上의 찬란함에 대하여

인쇄일 : 2025년 7월 31일
발행일 : 2025년 8월 10일

지은이 : 정태욱 (vincero7179@naver.com)
펴낸이 : 심옥자
펴낸곳 : 도서출판 창세
        출판등록 : 2024년 10월 4일(제2024-000021호)
        주소 : 대전광역시 중구 계백로 1719 센트리아오피스텔 1511호
        전화 : 042) 256-3626
        팩스 : 042) 256-2627
        이메일 : ww05051@hanmail.net
꾸민곳 : 북아뜨리에 (02-2266-7179)

ISBN : 979-11-990383-3-2 (03800)
가 격 : 15,000원

*잘못 만들어진 책은 구입한 곳에서 교환해 드립니다.
*이 책 내용의 전부 또는 일부를 재사용하려면 반드시
  저자의 승낙을 받아야 합니다.